Etcetera

I edizione: ottobre 2013

Cura e traduzione dal tedesco di Susi Aigner

Castelvecchi è un marchio di Lit Edizioni
Sede operativa: Via Isonzo 34, 00198 Roma
Tel. 06.8412007 - fax 06.85865742
www.castelvecchieditore.com
info@castelvecchieditore.com

Joseph Roth

AUTODAFÉ DELLO SPIRITO

A cura di Susi Aigner

CASTELVECCHI

NOTA DEL CURATORE

All'inizio del 1930 Stefan Zweig mise in contatto epistolare il suo traduttore Enrico Rocca, germanista e giornalista, e l'amico Joseph Roth. In una lettera del 6 maggio 1930 Roth si presentò, e in novembre Rocca fece pubblicare sulla rivista «L'Italia Letteraria» un profilo dell'autore, poiché Stefan Zweig ne aveva elogiato il nuovo libro *Giobbe*. Due anni dopo uscì la versione italiana (Fratelli Treves, 1932), ma con traduzione del germanista Giovanni Necco. Fu la prima opera di Roth pubblicata in Italia[1]. Consacrato autore di romanzi come *Fuga senza fine* (1927), *Giobbe* (1930), *La Marcia di Radetzky* (1932) e *La Cripta dei Cappuccini* (1938), imperniati sui temi della *Heimatlosigkeit*, e della nostalgia per il passato asburgico, Joseph Roth deve però la sua notorietà in ambito tedesco anche all'intensa attività giornalistica, rimasta sostanzialmente ignorata nel nostro Paese. Tuttavia questa costituì l'occupazione principale di tutta la sua vita e consta di oltre 1.300 pezzi[2], tra articoli, feuilleton e reportage, scritti durante il ventennio a cavallo tra le due guerre mondiali. La critica ha prestato, nel corso degli ultimi decenni, una sempre maggiore attenzione a tale produzione, grazie anche al continuo ritrovamento di nuovo materiale.

Dallo studio degli scritti giornalistici emerge un Roth appassionato agli avvenimenti quotidiani, politici, sociali e culturali. Attraverso gli articoli, i feuilleton e i reportage, egli condusse una lotta estenuante contro la politica di Weimar prima, colpevole di sottovalutare il nascente pericolo hitleriano, e contro quella nazionalsocialista poi, nella speranza di contribuire a un miglioramento della condizione umana.

Roth pubblicò i suoi articoli su giornali di diverse e addirittura opposte tendenze politiche. Da principio fu vicino agli ideali socialisti per poi approdare a quelli monarchici. Si è di fronte a una figura complessa e in continua evoluzione, costretta a rinnovarsi costantemente in seguito alle delusioni provocate dagli avvenimenti storici. Gli sconvolgimenti radicali della vita pubblica e privata, legati al declino dell'impero asburgico, della Repubblica di Weimar e infine della Repubblica austriaca, con l'annessione alla Germania nel 1938, furono tali da imporre a Roth, nelle varie fasi, un'elaborazione e una riflessione intense, che lo portarono a sperare nella ricostituzione dell'impero asburgico come unico baluardo contro il nazionalsocialismo. Il conservatorismo di Roth non fu quindi la conseguenza di una svolta radicale, ma di un lento processo.

Durante l'esilio l'impegno antinazista di Roth si incentrò su alcuni temi fondamentali. Fra tutti spicca il suo tentativo di difendere la tradizione e i valori umanistici della cultura europea. Il profondo ebraismo di Roth non gli aveva mai impedito di amare la cultura e lo spirito europei, nei quali vedeva un afflato universalistico di cui la cultura del regime hitleriano era priva.

Il ruolo che Roth attribuiva al popolo ebraico nella nascita dello stesso spirito europeo portò il giornalista a dover affrontare in maniera scomoda il tema del sionismo. Egli riteneva che la maledizione degli ebrei, quella di essere «erranti», fosse invece una benedizione, e ancora di più la missione assegnata loro da Dio. Roth era ormai convinto che le bandiere fossero solo un pretesto per innalzare barriere tra gli uomini e le culture. Sentiva come una sconfitta il fatto che proprio coloro che erano riusciti a rimanere popolo pur essendo cittadini di nazioni diverse, volessero rinchiudersi in una patria.

In una serie di articoli Roth assunse il ruolo dell'attonito testimone che assisteva allo spettacolo di un mondo impazzito. I campi di concentramento e le crudeltà quotidiane del regime, sembravano essere solo degli incidenti in un tempo di generale normalità. Di questo stato di cose era responsabile la totale deformazione della verità, perpetrata dalla gigantesca macchina propagandistica messa in piedi da Goebbels. La riduzione al silenzio di tutte le voci sgradite e l'utilizzo privo di scrupoli della tecnologia permettevano la diffusione delle menzogne del Reich con una violenza capace di accecare le coscienze. L'uso che i nazisti fecero del progresso spinse Roth a guardarlo con diffidenza. Temeva che la corsa sfrenata dell'umanità verso il progresso tecnologico portasse alla creazione di società disumanizzate, dove il singolo poteva sopravvivere solo a prezzo dei propri valori e dei propri legami.

Il desiderio di vedere salvaguardati i valori antichi portò Roth ad abbracciare la causa monarchica di Otto von Habsburg. La nostalgia del passato asburgico trova le radici nella delusione provata verso gli ideali politici moderni: il comunismo, che tante speranze aveva suscitato, si era trasformato in una dittatura, e le forze liberali e repubblicane non erano state in grado di opporsi al nazismo e ai regimi totalitari. L'*Anschluß* segnò la fine di ogni residua speranza: l'Austria e il suo patrimonio morale morivano sotto la svastica tra la cecità e la connivenza delle altre nazioni europee.

Accanto agli scritti caratterizzati da una forte vena pessimistica e da una certa rassegnazione troviamo anche numerosi articoli che rivelano l'energia e la passione di un Roth che ancora sperava nella possibilità di un cambiamento. Si tratta di quella spinta insopprimibile che gli impedì di desistere dal condurre una costante e significativa lotta, seppure individuale. Gli articoli dell'esilio riflettono un Roth che si batteva talvolta «con toni impavidamente grotteschi, ma anche in modi concreti, per aiutare le vittime del nazismo. Il Leviatano era gigantesco, ma egli continuava ad azzannarlo come poteva», conservando «nel cuore del buio e della lotta perdente contro il male, un'indistruttibile e indefinibile fede nella dignità»[3].

Roth morì il 27 maggio del 1939, dopo quattro giorni di agonia all'età di neanche 45 anni. Il 22 maggio, il giorno prima del ricovero in ospedale, scrisse il suo ultimo articolo, *Die Eiche Goethes in Buchenwald*. Conoscendo il percorso della vita di Roth non stupisce che una schiera molto variegata di persone abbia partecipato al suo funerale. Ebbe luogo tre giorni dopo la sua morte, il 30 maggio 1939, al cimitero Thiais nella banlieue a sud-est di Parigi[4].

AUTODAFÉ DELLO SPIRITO

MORTE DELLA LETTERATURA TEDESCA

Non può più esistere alcuna letteratura tedesca, perlomeno per molti anni, poiché d'ora in poi ciò che sarà chiamato così sarà come la letteratura sovietica, vale a dire, una produzione esclusivamente ufficiale. Non si può neppure contare sul fatto che la rivoluzione tedesca riesca a ispirare delle opere come invece aveva fatto all'inizio la rivoluzione russa. Perché ciò avvenisse, sarebbe necessario che si scatenasse lo stesso fermento... e i tedeschi, è un dato di fatto, fremono molto meno dei russi!

Non si può più sperare nella sopravvivenza della letteratura tedesca tra gli scacciati o gli esiliati. Coloro che hanno già raggiunto la maturità artistica continueranno, si noti bene, nel loro slancio, ma gli altri, i giovani, coloro che hanno perso il contatto col proprio Paese ancora prima della loro formazione, in che modo dovrebbero poter diventare scrittori tedeschi e, detto in modo più prosaico, come dovrebbero poter sopravvivere, se scrivono in tedesco?

Devo sembrare molto pessimista, ma appartengo a chi è del parere che la tradizione sia l'elemento fondamentale di ogni letteratura; ora, la tradizione tedesca è sempre stata molto umana e rompendo con essa i nazionalsocialisti hanno eliminato la base stessa della nostra produzione artistica. Certo, hanno intenzione di porre un'altra base: vogliono che d'ora in poi la produzione artistica sia alimentata dall'idea della Nazione. Un conservatore come me non si solleverà contro questo principio; capisco molto bene il desiderio dei tedeschi che esista una letteratura propriamente tedesca come esiste una letteratura propriamente francese. Ma questo è possibile? Se la nostra letteratura è stata sempre cosmopolita, lo dobbiamo al fatto che non siamo mai stati una nazione. Se i tedeschi sono ossessionati dal «ritorno alla terra» è proprio perché non sono vicini alla terra.

Tutto il dramma della Germania è contenuto in questa contraddizione!

Vi è ad esempio la Fata Morgana della quercia: è l'albero di Wotan, l'emblema nazionale per antonomasia... Solo che ci sono così poche querce in Germania... Meno che in Francia ad esempio... Si sa anche che la Germania è il Paese dei fertilizzanti chimici e che nessuna zolla del suo terreno è rimasta intatta; d'accordo! Questo non impedisce che l'espressione «zolla» sia la più frequente nella sua letteratura attuale. Coloro che vogliono il radicamento della letteratura, sembrano non accorgersi dell'ironia insita nel volerlo concretizzare in un humus artificiale.

Si crede forse di poter creare un'arte nazionale abolendo la vita privata? Il più grande nemico della letteratura è la vita pubblica: i Paesi in cui si vive solo nelle piazze pubbliche, come in Messico, difficilmente hanno artisti o pensatori.

Gli scrittori tedeschi hanno già smesso di appartenere a se stessi. Non sono più sicuri di non dover subire in qualsiasi momento del giorno o della notte la visita di un qualunque comitato di controllo. Dato che, come l'amore, la letteratura è sempre un po' una questione di nervi, mi chiedo addirittura come gente piuttosto nervosa possa ancora dedicarsi a una o all'altra di queste occupazioni.

Per chi poi bisognerebbe scrivere, ora che la popolazione è ormai composta solo da impiegati e soldati, dai quali non si può pretendere che leggano dopo aver lavorato dalle sei del mattino alle otto di sera?

In verità in Germania gli scrittori non hanno mai avuto un ruolo così importante come in Francia. Non si vede pressoché nessuna strada portare il nome di un poeta... Un piccolo dettaglio, senza dubbio, ma abbastanza significativo. Certo, i tedeschi hanno sempre dimostrato di avere la massima considerazione per la cultura, ma in realtà si limitavano a rispettare i libri senza leggerli. Solo gli ebrei ne compravano. L'interesse che vi portavano era spesso mescolato a snobismo; e anche se il loro atteggiamento può essere stato sgradevole, almeno costituivano lo spirito della nazione.

Non è per nulla casuale che si vedano bruciare i libri proprio nel momento in cui si maltrattano gli ebrei: sono solo due manifestazioni della stessa disposizione di spirito.

Né è meno simbolico che il controllo sulle belle arti sia stato assegnato al Ministro della Propaganda. Agli artisti-impiegati non dovrebbero mancare le istruzioni attualmente!

Qualora il governo avesse piacere di ricevere una poesia su un bosco, probabilmente manderà una delegazione di dodici poeti ufficiali sul luogo, come fanno i sovietici, con l'incarico di eseguire un'opera collettiva entro un certo termine.

È superfluo osservare che con questo metodo la letteratura tedesca attuale non può durare, e un'altra letteratura può nascere solo quando si sarà formata un'altra tradizione.

Non penso che nella sua forma attuale il nazionalsocialismo possa durare abbastanza da raggiungere tale risultato. Non intendo però che si debba desiderarne la rovina, perché un popolo non può sopportare due rivoluzioni, e un altro crollo non condurrebbe la Germania a un nuovo ordine, ma nel caos.

Bisogna quindi augurarsi che la Germania sopravviva e che *impari*. Ci vorrà molto tempo. Frattanto ci sarà, fortunatamente, sempre un altro popolo germanico, l'*Austria*, per salvare la vera tradizione tedesca.

Der Tod der deutschen Literatur, «Le Mois», Parigi, agosto 1933.

AUTODAFÉ DELLO SPIRITO

Pochi osservatori di tutto il mondo sembrano rendersi conto di cosa significhino la messa al rogo dei libri, la cacciata degli scrittori ebrei e tutti gli altri folli tentativi del Terzo Reich di distruggere lo spirito. L'irruzione sanguinosa dei barbari nella tecnica perfezionata, l'orrendo plotone degli orangutan meccanizzati armati di bombe a mano, gas tossici, ammoniaca, nitroglicerina, maschere antigas e aeroplani, l'insurrezione dei posteri dallo spirito (se non dal sangue) dei Cimbri e dei Teutoni, tutto questo significa ben più di quello che il mondo minacciato e terrorizzato vuol credere. Bisogna riconoscerlo e affermarlo apertamente: l'Europa spirituale capitola. Capitola per debolezza, per pigrizia, per indifferenza, per distrazione (sarà compito del futuro ricercare precisamente i motivi di tale vergognosa capitolazione).

In questi giorni noi scrittori tedeschi di discendenza ebraica, poiché il fumo dei nostri libri bruciati sale al cielo, dobbiamo riconoscere soprattutto che siamo sconfitti. Noi, che formiamo la prima onda di quei soldati che hanno combattuto sotto lo stendardo dello spirito europeo, dobbiamo compiere il dovere più nobile dei guerrieri vinti con onore: dobbiamo riconoscere la nostra sconfitta.

Sì, siamo battuti.

Sarebbe indegno afferrare già il lauro delle nostre vittorie future. Sarebbe infantile proclamare preventivamente la vittoria definitiva dello spirito umano sulla potenza ora vittoriosa della fauna delle fabbriche «Leuna», e delle «I.G. Farben»[1] e di altre foreste chimico-tecniche. Siamo orgogliosi della nostra sconfitta. Marciavamo nelle prime file dei difensori d'Europa e fummo i primi a essere battuti. I nostri camerati di «sangue ariano» possono ancora sperare nella grazia (a condizione che, anche se solo in minima parte, manifestino la disponibilità a esprimersi nella lingua di Goebbels e di Göring). È addirittura possibile che i vandali del Terzo Reich tentino provvisoriamente di utilizzare per i propri fini scrittori «ariani» di grande fama letteraria come Thomas Mann e Gerhart Hauptmann (al momento perseguitati), per raggirare l'umanità e per farle credere, attraverso uno stratagemma di tipo bellico, che anche il nazionalsocialismo rispetta lo spirito europeo. Ma noi scrittori di origine ebraica siamo, grazie a Dio, protetti da ogni tentazione di avvicinarci alla parte dei barbari. Siamo *gli unici rappresentanti dell'Europa* che non possono più tornare in Germania. Anche se nelle nostre file si dovesse trovare un traditore che per ambizione, stupidità e cecità volesse concludere una pace vergognosa con i distruttori dell'Europa, non potrebbe farlo! Il sangue «asiatico» e «orientale», che gli attuali detentori del potere del Reich tedesco ci rimproverano, decisamente non ci permette di disertare dalle nobili file dell'armata europea. Dio stesso – e ne siamo orgogliosi – non ci lascia tradire l'Europa, la cristianità e l'ebraismo. Dio è con i vinti, non con i vincitori! In un tempo in cui Sua Santità, l'infallibile Papa della cristianità, stipula un contratto di pace chiamato «Concordato» con i nemici di Cristo, e in cui i protestanti tedeschi fondano una «Chiesa tedesca» e censurano la Bibbia, noi discendenti degli antichi ebrei, degli avi della cultura europea, rimaniamo gli unici legittimi rappresentanti tedeschi di questa cultura. Grazie all'inesplorabile saggezza divina siamo fisicamente incapaci di tradirla di fronte alla civiltà pagana dei gas tossici, al Dio germanico della guerra armato di ammoniaca.

Gli scrittori tedeschi di discendenza ebraica – e gli stessi scrittori tedeschi in generale – si sono mai sentiti a casa nel Reich tedesco? Si solleva il sospetto, ben fondato storicamente, che i letterati tedeschi di origine ebraica e non, fossero in tutti i tempi solo degli stranieri in Germania, emigrati su terra natia, dilaniati dalla nostalgia per una vera patria, anche quando si trovavano entro i suoi confini. Dal tempo in cui il «Secondo Reich» di Bismarck dispose la supremazia delle forze fisiche, materialistiche e militari sulla vita spirituale, quando il tipo del «caporale» venne proclamato e riconosciuto dal mondo come il prototipo del Tedesco, gli scrittori tedeschi si sentirono moralmente scacciati ed esiliati. Dietro il caporale stava l'ingegnere che gli procurava le armi; il chimico che migliorava il gas tossico per distruggere il cervello umano e contemporaneamente mischiava il piramidone per alleggerire l'emicrania; il professore tedesco, che le riviste umoristiche presentano erroneamente come un sognatore inoffensivo che dimentica l'ombrello, e che in realtà è il nemico più pericoloso (perché il più dogmatico) della civiltà europea; l'inventore del gas tossico nello stesso campo della filologia, che viene pagato per diffondere l'idea della superiorità prussiana; il sottufficiale dell'università, la quale sotto Guglielmo II divenne una caserma.

Nel nuovo «Reich tedesco» gli unici liberi e indipendenti, pertanto davvero rivoluzionari, erano solo i veri scrittori. Per questo si sentivano, molto prima di Hitler, emigrati e senza patria nel regno della tecnica, dei caporali, della marcia di parata e dell'irrigidirsi sull'attenti. Se si vuole capire il recente *autodafé* dei libri, bisogna concepire l'attuale «Terzo Reich» come una conseguenza naturale del Reich prussiano di Bismarck e degli Hohenzollern e non come una reazione contro la povera Repubblica tedesca con i suoi democratici e socialdemocratici deboli. La Prussia, dominatrice della Germania, ha avuto sempre sentimenti ostili verso lo spirito, i libri, il libro dei libri, vale a dire la Bibbia, gli ebrei e i cristiani, l'umanesimo e l'Europa. Il «Terzo Reich» di Hitler spaventa il mondo europeo unicamente per aver avuto l'audacia di portare a termine ciò che la Prussia aveva progettato da sempre: bruciare i libri, ammazzare gli ebrei e falsificare il Cristianesimo.

Il grande errore storico della gioventù, arrivata a sentirsi a casa propria in Germania, sta nel fatto che si sottomise al caporale prussiano invece di unirsi al vero spirito tedesco. Intorno al 1900 apparve in Germania una categoria di ebrei che si potrebbero definire «ebrei del Kaiser Guglielmo» o «ebrei prussiani» o «sottotenenti ebrei della riserva», in breve, «ebrei della domenica». Senza rinunciare alla loro religione tentarono di trasformarla in una specie di protestantesimo e di far diventare i loro templi caserme prussiane. Si definivano «cittadini tedeschi di religione ebraica», e il fatto che adottassero la denominazione di «cittadini tedeschi» al posto semplicemente di «tedeschi» dimostra che per loro la cittadinanza non significava di per sé la fusione con popolo e nazione. Avevano ancora la forza di volontà necessaria per non separarsi dalla tradizione millenaria dei padri, ma erano troppo deboli per non falsificarla. Non avendo il coraggio di convertirsi *preferirono battezzare tutta la religione ebraica*. Così nacquero sacerdoti ebrei con comportamento protestante e travestiti da protestanti; «comunità israelitiche riformate» che santificavano la domenica al posto dello Shabbat; ebrei che nel giorno dello Yom Kippur si recavano al tempio

– nella casa di un Dio tradito – con calessi lussuosi e nell'uniforme del sottotenente della riserva dei reggimenti prussiani; ebrei che arrivarono al punto di considerare la «confessione ebraica» una concessione accordata dallo Stato a Yahweh, come se fosse un Dio gemello prussiano... Si sentirono autorizzati a prendere in appalto la «civiltà tedesca», a introdurre, instabili e vacillanti com'erano, «mode» letterarie e altre «mode» e di privilegiarle; ad ammirare acriticamente, *novarum rerum cupidissimi* com'erano diventati, tutti i tentativi di corruzione nella letteratura, nelle arti figurative e nel teatro, perché avevano dimenticato Yahweh; a convertirsi al liberalismo e al libertinismo intellettuale.

Si può dire che dal 1900 questo «livello superiore» di ebrei tedeschi abbia in gran parte determinato, quando non dominato, la vita artistica della Germania. A onor del vero bisogna riconoscere che oltre a qualità e virtù avevano anche dei difetti. Persino gli errori talvolta erano benèfici. Sull'altro fronte, in tutta l'estensione del Reich, con la sua popolazione di sessanta milioni di persone, non esisteva tra la folla di industriali, a parte naturalmente le eccezioni individuali, neanche un gruppo che avesse manifestato un interesse attivo per l'arte e lo spirito. Per quanto riguarda gli «Junker» prussiani, il mondo civilizzato è al corrente che sanno appena leggere e scrivere; uno dei loro rappresentanti, il presidente del Reich Hindenburg, ha dichiarato pubblicamente *di non aver mai letto un libro in vita sua*. Tra l'altro, era proprio questa figura ingessata, già vecchissima sin dai tempi della sua prima giovinezza, che i lavoratori, i socialdemocratici, i giornalisti, gli artisti, gli ebrei idolatravano durante la guerra, e che il popolo tedesco (lavoratori, ebrei, giornalisti, artisti, socialdemocratici) elesse dopo la guerra per ben due volte a presidente del Reich. Un popolo che a capo dello Stato elegge un monumento prussiano che non ha mai letto un libro può essere molto lontano dal bruciare esso stesso i libri? E i giornalisti ebrei, gli eruditi e i filosofi che elessero Hindenburg hanno veramente il diritto di lamentarsi per il rogo su cui ora ardono i nostri pensieri?

Per quanto riguarda gli industriali, essi si occupavano di acciaio e ferro, di cannoni e di «Grandi Berta»[2] e forgiavano le moderne «spade di Sigfrido». I grossi commercianti producevano ciarpame «Made in Germany» a basso costo, con cui inondare il mondo sventurato. *Solo gli ebrei tedeschi* (*medici, avvocati, piccoli imprenditori, proprietari di grandi magazzini, artigiani o fabbricanti*) *s'interessavano di libri, teatro, musei, musica*. Anche se talvolta cadevano in uno snobismo di cattivo gusto, sta di fatto che in tutta la Germania non si trovava nessuno in grado di correggerli e di aggiustare i loro errori. Riviste e giornali venivano editi da ebrei, pagati da ebrei, letti da ebrei! Un intero sciame di critici e di interpreti intellettuali ebrei scopriva e incoraggiava numerosi poeti, scrittori, attori «puramente ariani». Esiste, ora che teatro e letteratura sono «purificati», un unico attore o letterato degno di nota che non fosse già stato onorato e riconosciuto ai tempi in cui critica e opinione pubblica erano promossi dagli ebrei? Il Terzo Reich ci mostri un solo poeta, attore, musicista di talento «puramente ariano», che sarebbe stato oppresso dagli ebrei e liberato dal signor Goebbels! Solo pallidi dilettanti si esibiscono sotto l'ombra della svastica, sotto il riflesso sanguinoso di quei roghi, nei quali noi bruciamo...

Dagli inizi del Ventesimo secolo i seguenti scrittori – ebrei, mezzi ebrei, ebrei per un quarto («di origine semitica» per parlare la lingua del Terzo Reich) – hanno dato il loro contributo alla letteratura tedesca!

Il viennese *Peter Altenberg*, un troubadour del Ventesimo secolo, sensibile poeta della bellezza femminile meno invadente e più nascosta, che da anni è insultato dai barbari della teoria razziale come «pornografo decadente»; *Oscar Blumenthal*, autore di finissime commedie senza fasto ma piene di gusto; *Richard Beer-Hofmann*, nobile fabbro della lingua tedesca, erede e interprete della tradizione biblica; *Max Brod*, amico disinteressato di Franz Kafka, narratore di grande tradizione pieno di entusiasmo ed erudizione, che fece rivivere la grandiosa figura di Tÿcho Brahe; *Alfred Döblin*, che per primo nella letteratura tedesca ha scoperto e incarnato il tipo del popolano berlinese, una delle creazioni più originali del mondo intellettuale; *Bruno Frank*, artigiano coscienzioso della parola, esperto drammaturgo, pacifista e cantore del passato prussiano; *Ludwig Fulda*, poeta lirico e autore di commedie piene di charme e di acume; *Maximilian Harden*, l'instancabile e forse unico vero pubblicista tedesco; *Walter Hasenclever*, uno dei drammaturghi più ardenti; *Georg Hermann*, narratore semplice e sincero della piccola borghesia; *Paul Heyse* (mezzo ebreo), il primo vincitore tedesco del Premio Nobel; *Hugo von Hofmannsthal*, lirico e prosatore fra i più illustri, erede classico dei tesori cattolici della vecchia Austria; *Alfred Kerr*, critico teatrale traboccante di fantasia; *Karl Kraus*, il grande polemista, un maestro della letteratura tedesca, fanatico della purezza della lingua, un apostolo dello stile difficilmente contestabile; *Else Lasker-Schüler*, poetessa: non osiamo attribuirle un altro epiteto, questo è sufficiente; *Klaus Mann* (mezzo ebreo, figlio di Thomas Mann), promettente giovane narratore, dotato di un considerevole talento stilistico; *Alfred* e *Robert Neumann*, scrittori epici degni di considerazione; *Rainer Maria Rilke* (ebreo per un quarto), uno dei maggiori lirici d'Europa; *Peter Panter*, polemista scintillante di spirito; *Carl Sternheim*, uno dei narratori e drammaturghi più perspicaci; *Ernst Toller*, il poeta dello «Schwalbenbuch», drammaturgo rivoluzionario, che trascorse sette anni in una fortezza bavarese perché amava la libertà del popolo tedesco; *Jakob Wassermann*, uno dei primi scrittori di romanzi d'Europa; *Franz Werfel*, drammaturgo lirico, narratore, un poeta magnifico; *Karl Wolfskehl*, il grande e illustre autore dei miti; *Carl Zuckmayer*, vigoroso drammaturgo; *Arnold Zweig*, l'autore del grandioso «Sergente Grischa» e di «Ritorno ai patriarchi», romanziere e saggista dalla grazia divina.

Una lista molto incompleta di difensori dello spirito, che furono sconfitti dal Terzo Reich. Non è necessario che il lettore ne prenda conoscenza nome per nome. Si limiti a salutarli insieme a noi, questi e altri scrittori ebrei che annovero tra i miei migliori amici, e che la mia amicizia teme di adornare con un epiteto: *Stefan Zweig*, *Hermann Kesten*, *Egon Erwin Kisch*, *Ernst Weiss*, *Alfred Polgar*, *Walter Mehring*, *Siegfried Kracauer*, *Valeriu Marcu*, *Lion Feuchtwanger*, lo scomparso *Hermann Ungar* e il venerato profeta e vate *Max Picard*.

Gli altri scrittori tedesco-ebrei, i cui nomi non si trovano su questa lista, mi perdonino la dimenticanza. Coloro che sono stati qui presentati, non vogliano contrariarsi della vicinanza di questo o quel nemico. Tutti sono caduti sul nobile campo dello spirito. Tutti hanno, agli occhi degli assassini e incendiari tedeschi, una macchia comune: *il sangue ebreo e lo spirito europeo.*

Il mondo minacciato e terrorizzato deve rendersi conto che l'intrusione del caporale Hitler nella civiltà europea non significa solo l'inizio di un nuovo capitolo nel campo dell'antisemitismo. Sarebbe un errore! Ciò che dicono gli incendiari è vero, ma in un altro senso; questo Terzo Reich è l'inizio del tramonto! Sterminando gli ebrei si perseguita Cristo. Per la prima volta gli ebrei non vengono uccisi perché hanno crocefisso Gesù, ma perché l'hanno generato. Quando si bruciano i libri di autori ebrei o ritenuti tali, in realtà si dà fuoco al libro dei libri: la Bibbia. Quando si scacciano o si rinchiudono giudici e avvocati ebrei, spiritualmente ci si rivolta sia contro il diritto che contro la giustizia. Quando si esiliano scrittori di fama europea, si manifesta in tal modo il disprezzo per l'Inghilterra e la Francia. Quando si tormentano i comunisti si combatte contro il mondo russo e slavo, molto più contro quello di Tolstoj e Dostoevskij che contro quello di Lenin e Trotskij. Quando si ridicolizza l'Austria si deride il cattolicesimo dei tedeschi; e quando si vuole conquistarla si mira a tutto l'Adriatico. Mussolini s'inganna, non conosce ancora i guerrieri cimbri e teutoni; tempi addietro un altro romano si fece ingannare dai barbari; Mussolini dovrebbe conoscere meglio la storia di Roma! Assicurandosi l'amicizia dei fascisti, si disprezza il «Diritto Romano». Un giorno o l'altro il mondo constaterà con sorpresa, di essere stato sconfitto da un caporale (che ha già un maresciallo al suo comando!). Noi scrittori tedeschi di origine ebraica siamo stati i primi a cadere per l'Europa. Stoltezze e rimorsi ci sono stati risparmiati. Ormai ci rimane solo l'onore...!

Il merito incontestabile degli scrittori ebrei per la letteratura tedesca consiste nella scoperta e nella valorizzazione letteraria della dimensione urbana. Gli ebrei hanno scoperto e descritto il paesaggio urbano e il paesaggio spirituale del cittadino. Essi hanno svelato la complessa stratificazione della civiltà urbana. Hanno scoperto il *café* e la fabbrica, il bar e l'hotel, la banca e la piccola borghesia della capitale, i centri di ritrovo dei ricchi e i quartieri poveri, il peccato e il vizio, il giorno e la notte della città, il carattere degli abitanti delle grandi città. Questa prospettiva era favorevole ai talenti ebraici per il milieu cittadino da cui la maggior parte di essi proveniva e dove i loro genitori erano stati spinti da motivi sociali, e anche per la loro sensibilità maggiormente sviluppata e per l'attitudine cosmopolita propria degli ebrei. La maggior parte degli scrittori tedeschi di origine non ebraica si limitò alla descrizione del paesaggio, che rappresentava la loro patria. In Germania esiste, assai più che in altri Paesi, una *Heimatliteratur* delle regioni, dei territori, delle casate, spesso di alto valore artistico, ma ineluttabilmente inaccessibile agli europei. Per l'estero esisteva solo «la Germania», *i cui interpreti letterari erano per la maggior parte scrittori ebrei*. Quasi tutti illustravano al francese, all'inglese e all'americano la realtà tedesca. Questa capacità fu però rinfacciata agli scrittori ebrei, come fosse un crimine, da parte dei critici e degli storici nazionalisti ottusi. In modo infantile e dilettantesco l'argomento trattato dall'autore veniva utilizzato per indicarne il carattere personale. Uno scrittore ebreo era «lontano dalla zolla» quando descriveva la città; un «letterato da café» quando scopriva i bar; un «traditore della patria» quando rappresentava il mondo; un «chiacchierone superficiale» quando forniva una forma tangibile alla lingua astratta, che i tedeschi spesso insegnano ai loro dilettanti di provincia; un «feuilletonista» quando possedeva charme e leggerezza; un «pagliaccio» quando aveva spirito; e quando osava avvicinarsi alla descrizione del paesaggio, si scopriva immediatamente che guardava «con la mente» e non col cuore. Si disprezzò la commovente confessione di Jakob Wassermann, *Il mio cammino di tedesco e di ebreo*; si dimenticò l'unica canzone di guerra composta da un ebreo austriaco che cadde sul campo di battaglia, il sottotenente H. *Zuckermann*[3]; non si pensò più alle poesie patriottiche di Ernst *Lissauer*; si rinnegò l'opera drammatica renana del mezzo ebreo *Zuckmayer*, che era stata accolta favorevolmente dal pubblico.

L'antisemitismo letterario in Germania esiste dal 1900. L'antisemita razzista Adolf Bartels, l'antisemita moderato Paul Fechter e molti altri avversarono violentemente, spesso con odio personale, l'opera letteraria degli scrittori ebrei. Sicuramente si trovano anche tra i pamphlettisti ebrei persone rudi e di cattivo gusto. E proprio questi sono sempre indicati come tipici rappresentanti degli scrittori ebrei! Dal 1918 le librerie di provincia chiedono se l'autore è ebreo prima di esporre un libro in vetrina e prima ancora di leggerlo. Ma finora – nonostante l'antisemitismo letterario aumenti sempre più – nessuno scrittore ebreo ha speso a questo proposito una parola in pubblico. Un cameratismo stretto e spesso profondo lega gli scrittori tedesco-ebrei ai migliori tra i non ebrei. Un grande maestro di stile tedesco come Hans Carossa (non ebreo) fu scoperto e sostenuto da uno scrittore ebreo degno di considerazione (il quale so che in queste circostanze desidererebbe non essere nominato). Cogliamo l'occasione per ricordare che Hans Carossa fu l'unico scrittore tedesco non ebreo a rifiutare di appartenere all'Accademia del «Terzo Reich». I giornali tedeschi hanno silenziosamente sorvolato su questo fatto, che così è rimasto sconosciuto all'estero.

Molti di noi sono stati sul campo durante la guerra, molti sono caduti. Abbiamo scritto per la Germania, siamo morti per la Germania. Abbiamo versato tutto il nostro sangue per la Germania: il sangue che nutre la nostra vita fisica, e quello con cui scriviamo. Abbiamo cantato la Germania, la vera Germania! Per questo oggi veniamo bruciati dalla Germania!

Das Autodafé des Geistes, «Cahiers juifs», Parigi, settembre-novembre 1933.

L'ANELLO DEI NIBELUNGHI

Non credo che i Germani, che oggi governano la nazione tedesca, siano carne della stessa carne e sangue dello stesso sangue degli antichi Nibelunghi, ma sarebbe ridicolo negare che essi abbiano ereditato lo spirito dei Nibelunghi. Bisognerebbe rendere onore alla verità, concedere ai Germani d'oggi tale spirito, e non sopravvalutare i personaggi disumani e privi di qualità morali del *Nibelungenlied* per il fatto che nascono dall'oscurità mitologica o perché trovano i loro contorni terreni in un prezioso documento letterario.

I tedeschi possono dunque anche non discendere per linea diretta dagli antichi Germani, ma bisogna riconoscere che gli avvenimenti e i caratteri del *Nibelungenlied* si ripetono spesso nella recente storia tedesca. Falsità, tradimento, perfidia, assassinio: la storia di ogni nazione contiene queste elementari malvagità della natura umana. Ma in Germania, falsità, tradimento e perfidia mostrano un carattere molto specifico – come si vedrà presto – e hanno un'impronta particolare, *appunto l'impronta nibelungica*. Sempre e ovunque è Caino il malvagio,

Abele l'innocente per eccellenza. Solo ai Germani è concesso di avere un malvagio eroico e un Abele perfido. Il tenebroso Hagen di Tronje non ci sembrerebbe affatto tenebroso, se questa particolarità non gli fosse stata attribuita così spesso e in modo così ostinato. Hagen di Tronje brilla quasi come il fulgido Sigfrido. E questo fulgido Sigfrido ha tradito una valchiria – e non solo una volta, quando cioè la lasciò nel Valhalla semplicemente dimenticandola – ma anche una seconda volta, quando (invisibile grazie al cappuccio) si accoppiò con lei, facendole credere di giacere con lo sposo Gunther. Con questa «lealtà maschile» verso Gunther altamente priva di gusto e perfino ripugnante, il fulgido Sigfrido tradisce allo stesso tempo anche la sua amata Crimilde. E come se non bastasse, quella notte ruba a Brunilde un anello. Egli ha l'assoluta mancanza di tatto di regalarlo all'amata Crimilde. Addirittura racconta alla sua sposa, per filo e per segno, le circostanze in cui l'ha avuto. E la bionda Crimilde, questo soave modello di ogni pregio femminile, che giorno e notte fila lino e virtù alla conocchia, è orgogliosa del doppio tradimento del consorte e, argomento alla mano, si gloria pubblicamente davanti alla rivale della forza dei suoi lombi. Quale pietoso eroe, Casanova col cappuccio, questo avo spirituale dei futuri Sigfrido! Quale meschina donna modello, rispetto alla quale Medea è un angelo, questa Crimilde, la nonna di Gretchen, la «böse Sieben»[4] con la corona sopra il lino che forse si è tessuto da sola!

Si ricordi l'ulteriore sviluppo di questa storia mostruosa: Hagen di Tronje è sì un grande eroe, ma fisicamente non all'altezza dell'invulnerabile Sigfrido. Quindi deve ucciderlo con l'inganno. Lo fa per fedeltà nei confronti di Gunther, il quale, dal canto suo, aveva personalmente chiesto aiuto a Sigfrido per la notte di nozze. Naturalmente Gunther è a conoscenza degli oscuri piani di Hagen. Ma è un eroe germanico e si finge ignaro. Crimilde, la virtuosa pettegola, è anche oltremodo stupida. Rivela a Hagen l'unico punto vulnerabile sulla spalla di Sigfrido. Si organizza una caccia all'orso, alla quale naturalmente non vuole mancare un cacciatore come Sigfrido, nonostante Crimilde abbia brutti presentimenti e addirittura faccia un sogno che le profetizza la morte del consorte. Avesse avuto più cervello e meno presentimenti, tutta la tragedia ci sarebbe stata risparmiata. Purtroppo non è così. E fino ad oggi i tedeschi hanno avuto più considerazione per i presentimenti che per la ragione, e quindi non ci risparmiano alcuna tragedia...

Dopo la morte di Sigfrido, Crimilde portò il lutto, ma non troppo a lungo. Dalla lontana Ungheria fa un cenno un ricco corteggiatore, il re degli Unni, Attila. La signora Crimilde non teme il lungo viaggio, parte e diventa regina degli Unni e madre. Dà al re Attila – a un mite barbaro dai capelli neri che si è incapricciato per il biondo – un successore al trono. Adesso è sicura, ora può mettere in atto la sua vendetta. Perché la vendetta è il motivo per cui segue il povero Attila, che naturalmente – come tanti uomini bruni – crede all'amore disinteressato e alla fedeltà delle bionde. Quindi ella invita a corte i suoi fratelli e Hagen di Tronje col seguito. Sono i primi rapporti dimostrabili tra Ungheria e Germania...

Non appena i guerrieri arrivano al Danubio, incontrano un prete cristiano in abito talare, la croce sul petto. Cosa fa un vero uomo germanico nel vedere un cristiano? Il Signor di Tronje afferra il prete e lo getta nel fiume! Uno scherzo! Uno scherzo divertente! Tutti i signori osservano il prete che lotta con l'acqua e ridono fino a star male. Avviene un miracolo: l'uomo di Dio raggiunge l'altra sponda. E questo è l'inizio del Concordato che la Germania stipula con la Chiesa cattolica...

Dopo questo estroso incidente, tutta la compagnia – «compresi i degni parenti» – raggiunge la corte di Attila. Alla festa di benvenuto l'ignaro e ospitale barbaro Attila fa vedere ai familiari della consorte, provenienti dalla civilizzata regione renana, l'orgoglio del Paese, il piccolo successore al trono. Come particolare segno di amore germanico verso i bambini (ma forse anche perché lo disturba il prodotto della vergogna della razza), il Signor di Tronje sguaina la spada e decapita il fanciullo con un unico colpo ben mirato. Così la «Germania» intraprende rapporti diplomatici...

Dopodiché – come si sa – ha inizio la festa sanguinosa, si potrebbe dire: la notte dei lunghi coltelli. Amico e nemico periscono, la Germania, gli

Unni, persino Fiedler Volker, un menestrello, quasi un pacifista. È quella fine del mondo, della quale i Nibelunghi, che periscono ma non si estinguono, hanno eterna nostalgia...

Rimane il cristiano, il margravio Rüdiger di Bechelaren, l'austriaco conciliante, che parla in virtù del Crocifisso. È in attesa della salvezza del mondo dalla luce della nuova fede.

Purtroppo il devoto margravio sbaglia, come accadrà a tanti come lui molti secoli dopo. Pensava che i Nibelunghi e gli Unni si fossero uccisi a vicenda. *Ma sono ancora vivi.*

L'anello dei Nibelunghi è un anello singolare; la sua magia consiste nel fatto che non può chiudersi...

Der Ring der Nibelungen, «Das Neue Tage-Buch», 7 luglio 1934.

IL «SANGUE FREDDO» DELL'EUROPA

Si ricordi il famoso aneddoto attribuito a Bernard Shaw: «Durante la rappresentazione in un teatro scoppia un incendio. Gli spettatori sono presi dal panico. Si precipitano verso le uscite, quando un onorato signore si alza ed esclama con voce autoritaria nella sala: «Calma, signori! Mantenete il sangue freddo!». Queste parole fanno effetto sulla massa, tutti gli spettatori rimangono ai loro posti. E l'aneddoto si chiude con la frase: «Grazie alla presenza di spirito di questo signore tutti gli spettatori alla fine sono rimasti bruciati vivi».

Penso a questo aneddoto ogni volta che leggo un articolo che riguarda Hitler.

Politici e giornalisti di tutti i Paesi europei invocano il «sangue freddo» – da quando la Germania, il più pericoloso incendiario del mondo, ha iniziato a scagliare le fiaccole del solstizio germanico[5] in ogni direzione.

Grazie alla presenza di spirito di questi signori che ci esortano a mantenere il sangue freddo bruceremo tutti anche noi.

Il modo di dire «mantenere il sangue freddo» lo

si ritrova in ogni editoriale di giornali misurati, in ogni secondo discorso di politici misurati. È diventato parte integrante delle argomentazioni politiche europee.

È una frase insensata per più ragioni.

Primo: il sangue del mondo non è mai stato così freddo come adesso, vale a dire, come da 17-18 mesi a questa parte, considerati gli omicidi incendiari della Germania. Questo mondo non ha bisogno di un'ulteriore particolare esortazione a mantenere il sangue freddo.

Sembra anzi non avere più nessun sangue caldo.

Secondo: la stupida ripetizione di questa frase tradisce non già la calma temeraria e la decisa mancanza di carattere dei politici e giornalisti d'Europa, tradisce piuttosto la loro momentanea perplessità e la loro debole speranza di guadagnare tempo e con esso anche qualche consiglio.

Da ciò si evinca che i modi di dire canonizzati dalla propria antichità non sono sempre e in ogni circostanza ragionevoli.

Per quanto riguarda l'atteggiamento che oggi il mondo dovrebbe assumere nei confronti della Germania, i modi di dire «mantenere il sangue freddo» e «il tempo porta consiglio» non sono affatto utili.

Ho per l'uso del mondo due altri modi di dire: il primo è «Batti il ferro finché è caldo» e il secondo: «Non rimandare a domani quello che puoi fare oggi!».

Questo per essere del tutto sincero: dato che io amo la verità più della Germania, e lungi da me volermi sottrarre all'obbligo di dire la mia opinione facendo delle allusioni.

Se il mondo, il mondo europeo nel quale oggi viviamo, nel quale l'altro ieri ha vissuto la Germania, oggi è minacciato dalla Germania, allora cerchi di rendere inoffensivo il Terzo Reich al più presto e in modo definitivo.

Il Terzo Reich cerca di distruggere tutto ciò che è «Europa»: la libertà dell'uomo e la gerarchia dei valori europei; la libertà del pensiero e della fede; la sovranità della Terra e la grandezza del cielo; la religione dei credenti nell'umanità e i precetti della Chiesa; i dieci comandamenti e il Vangelo.

Cosa aspetta ancora l'Europa?

Sì, cosa aspettano le potenze europee, che in fondo sono – ancora – i rappresentanti degli antichi valori europei: il Papa, che rappresenta il regno di Cristo; la Francia, che ha postulato la libertà, l'uguaglianza e la fratellanza; l'Inghilterra, che garantisce la libertà dell'individuo; l'Italia, che si sente in obbligo di portare avanti le tradizioni dell'antica Roma. Cosa aspettano ancora? Lo sguardo da basilisco di Hitler li ha paralizzati? L'alito fetido di Goebbels, il discendente di Tersite[6], li ha anestetizzati? Göring – il folle Aiace[7] germanico – li ha spaventati?

Quale menzogna, credere ancora nel «risveglio della Germania migliore»!

Questa speranza è una scelta di comodo.

Il mondo sa che «la Germania migliore» è all'estero o nei campi di concentramento o nella Chiesa cattolica tedesca, assediata e impotente.

Ma il mondo chiude gli occhi. È fiacco. Mantiene il «sangue freddo». Perché non ne ha più di caldo!

Das «kalte Blut» Europas, «Pariser Tageblatt», 31 luglio 1934.

LA BENEDIZIONE DELL'EBREO ERRANTE. PER LA DISCUSSIONE

A Marsiglia alcuni giorni fa è impazzito un parrucchiere ebreo. Ha iniziato a frantumare le vetrine di un innocente negozio; è stato immobilizzato e portato in un manicomio.

Il parrucchiere era di Costantina[8], dove recentemente i maomettani hanno assalito e saccheggiato il quartiere ebraico. Molti ebrei sono morti in modo orribile.

In quei giorni il parrucchiere si trovava a Parigi. Si informò da un compatriota sul destino del suo negozio di Costantina. Al negozio e alla famiglia non era accaduto niente, telegrafò l'amico. Il parrucchiere interruppe la sua permanenza a Parigi e andò a Marsiglia per imbarcarsi.

Lì, come già detto, impazzì, senza motivo, si potrebbe pensare. Giacché, se un qualsiasi ebreo poteva parlare di fortuna, era proprio questo parrucchiere, il cui negozio e la cui famiglia erano rimasti incolumi nel mezzo del pogrom. Ma evidentemente, come accade spesso nella natura ebraica, aveva sentito la disgrazia di tutti gli altri ebrei di Costantina come la propria. Non è forse scritto che «tutti gli ebrei so-

no fratelli»? È significativo il modo in cui si manifestò la pazzia: iniziò a vendicarsi, nell'innocente Marsiglia, degli innocenti negozi distrutti dei suoi fratelli di Costantina. Chissà se con il rasoio – è parrucchiere e lo sa usare tanto quanto i maomettani a Costantina – avrebbe ucciso un paio di innocenti proprietari di negozi. Evidentemente era ossessionato dall'idea dei negozi distrutti e delle persone massacrate. Le immagini terribili si «impossessarono» letteralmente di lui. I crimini dei suoi compatrioti maomettani gli apparvero in modo talmente distinto, che divennero «coattivi». Erano appunto «immagini coattive». Doveva pur cercare di liberarsi dal terrore, che da giorni lo assaliva. Non poteva rimanere da solo con esso. Si potrebbe dire: il terrore l'ha fatto esplodere.

Caso eccezionalmente patologico di mania di persecuzione ebraica, causata da una reale persecuzione degli ebrei. Da ciò non si tragga alcuna conclusione sul comportamento della totalità degli ebrei, questo dicono gli assennati, che a ragione si definiscono moderati. A noi pare che proprio nelle manifestazioni più estreme si riconosca il «tipico». Allo stesso modo in cui vediamo in Hitler e nel nazionalsocialismo le folli idee latenti del popolo tedesco portate alla pazzia, così quel parrucchiere ebreo ci rivela l'odio latente degli ebrei di Costantina. Sono sempre i «moderati» a dire che il nazionalsocialismo «violenta» il popolo tedesco. Un popolo che si lascia violentare, è (così come una donna) innamorato del violentatore. È inutile voler prendere le difese del popolo tedesco contro il suo Hitler. Il nazionalsocialismo ha ragione quando dice di essere l'unico rappresentante del popolo tedesco. Perlomeno ha ragione in questa ora. Può essere che domani abbia torto. Anche di una donna che si lascia violentare non si può sapere, se già l'indomani odierà o ripudierà il suo violentatore. Perciò ci sembra insensato che i tedeschi battuti, impotenti e scacciati, tentino di convincere se stessi e il mondo che il «Terzo Reich» sia in un certo qual modo solo un fatale errore: esisterebbe «l'altra Germania» e simili consolazioni e scuse sono comprensibili, ma del tutto inutili. Ai sostenitori fanatici di queste versioni appartengono gli ebrei tedeschi. Avrebbero tutti i motivi di diffondere quelle storie terribili, di cui vengono accusati dal governo del Terzo Reich. Ma per semplice paura di alimentare la calunnia di cui sono vittime, tentano instancabilmente di esagerare i propri sentimenti patriottici; di dichiarare la propria germanità al cento per cento; di discolpare la propria patria quando bisognerebbe accusarla in modo più risoluto; di soffocare la voce della giustizia; di occultare, appianare, mitigare, distorcere. Riconoscendosi però in una patria bugiarda, commettono un oltraggio alla verità. Discolpando la Germania, diventano colpevoli e complici della Germania.

In questo modo tentano, per motivi più puri, ma in modo non diverso da Goebbels, di falsificare il volto barbaro della Germania. È stato detto loro così tante volte che la fedeltà alla Germania non è la caratteristica degli ebrei e che se si gettano a capofitto in questa fedeltà finiscono solo per colare a picco.

Reagiscono diversamente da quel parrucchiere di Costantina, ma ugualmente in modo patologico. Essi manifestano un genere di mania di persecuzione che si potrebbe definire stoico-patriottica. Accentuano tanto la loro appartenenza alla Germania, che, se non avessero cento altri segni particolari, si riconoscerebbero anche solo da quest'accentuazione esagerata. Buttati fuori di casa da Hitler in modo vergognoso e pietoso, stanno davanti ai portoni e chiedono inutilmente di poter entrare. Questo comportamento è infantile. E se non fosse così tragico, si potrebbe definire anche folle.

II

Per la prima volta dall'emancipazione, gli ebrei tedeschi sono oggetto di un'umiliazione assassina, al cui confronto le persecuzioni del Medioevo si possono definire innocue, e al cui confronto i pogrom della Russia zarista e le manifestazioni antisemite nella nuova Polonia sono quasi prove di simpatia verso gli ebrei. Gli ebrei stabilitisi in Germania avevano concesso troppo credito morale ai tedeschi. Gli ebrei tendono a giudicare un popolo dai suoi rappresentanti più geniali. Gli ebrei, infatti, leggono volentieri. Sono il popolo dei libri. Giudicano anche gli altri popoli in base ai loro libri.

Vedevano nei tedeschi la nazione di Lessing, di Herder e di Goethe. Ora, se le nazioni abbiano il diritto di essere orgogliose dei propri geni, è una domanda in generale molto controversa, ma in Germania si può vedere molto chiaramente, in modo spaventosamente chiaro, che i suoi geni e suoi talenti sembrano dei poveri smarriti o degli scacciati, disprezzati dalla propria patria e che stimano poco la propria patria. Il genio tedesco non si sente in nessun modo a casa in Germania. Sono noti gli esempi. In Germania i geni hanno quasi lo stesso ruolo degli ebrei. Nelle città prussiane le vie principali hanno il nome di generali e le torte quello di Goethe. Esiste una Via Kleist a Berlino, ma è inteso il generale Kleist, e non l'unico genio letterario che la Prussia abbia prodotto. Gli ebrei vivevano lontani da ufficiali, impiegati, nobili e contadini tedeschi. Vivevano solo vicino ai libri tedeschi. È commovente con quale fiducia spassionata questo popolo antico e scettico, che non aveva fiducia nel proprio profeta e che derise Gesù Cristo, senza approfondire, abbia dettato l'assioma: i tedeschi sono il popolo di Goethe, punto e basta. Persino gli stessi comandanti d'armata, di limitata intelligenza nel vero senso della parola, che mai avevano letto un libro, acquisirono agli occhi degli ebrei un fulgore goethiano. Conosco un collega ebreo, un giovane scrittore, che ha dedicato uno dei suoi libri a Hindenburg. Era una settimana prima di Hitler. Il canuto Presidente rispose col Terzo Reich e col rogo degli autori ebrei.

In Germania l'anno di Goethe[9] assunse gli aspetti di una gara da corsa prolungata di sei giorni, di Schiller in Germania si è conservato più vivo soprattutto il suo colletto, di Nietzsche la superumanità fraintesa e usata in modo improprio, di Fichte rimase il padre della ginnastica Jahn[10], di Federico il Grande i levrieri e le sonate di flauto, di Kant un ordine militare, della Paulskirche[11] la «Frankfurter Zeitung», della rivoluzione le memorie del presidente della polizia socialista Grzesinski[12], della Riforma la croce uncinata. Questa è la Germania. Gli ebrei non lo videro. Continuano a non vederlo. Incatenati da generazioni ai classici tedeschi, negli ultimi trent'anni anche al commercio tedesco, abili al guadagno e leali pagatori di tasse, sicuramente speravano di poter passare col tempo da marescialli a tenenti; il nobile spirito germanico non poteva di certo reprimere a lungo il riconoscimento! Folli ottimisti, questi ebrei tedeschi! Mentre aspettavano la completa uguaglianza, passavano il tempo con la partecipazione alla guerra mondiale, con fondazioni filantropiche, con l'«Aufklärung» di questo popolo, del quale pensavano che potesse fare a meno delle chiese (come se anche i tedeschi fossero ebrei da 5.000 anni, e ognuno portasse Yahweh nel cuore anche quando ripudia Dio), e con donazioni caritatevoli per vedove, orfani, storpi e poveri, senza differenza di confessione.

Ah, poveri loro! Hanno seminato opere di beneficenza, «illuminismi», democrazia e socialismo, e raccolgono svastiche! Ma ostinati come sono da ormai 4.000 anni, un popolo con la nuca piegata ma rigida, si rifiutano di ammettere un errore. Sono gli eterni patrioti. La dignità è rara nel mondo. Non si deve essere troppo arrabbiati con gli ebrei. Ma bisogna avvertirli! Si arriva a un punto in cui la loro fedeltà ridicola e ostinata verso assassini e banditi può far nascere dei sospetti nei Paesi di cui sono ospiti.

Verranno sollecitati – e a ragione – a tornare alle acque insanguinate dell'Elba e del Reno. È vero, in generale è stato stabilito che la fedeltà dell'individuo verso la sua patria deve essere rispettata. Ma una patria, in cui l'assassinio è legge, non viene rispettata, viene bandita dal mondo, e allo stesso modo viene bandito chi le rimane fedele. Com'erano leali gli ebrei dello Zar e gli ebrei polacchi quando fuggirono! Anche loro amavano i Paesi in cui erano nati! Ma essi hanno generalmente un'idea più precisa *della relatività del rapporto dell'individuo con lo Stato*, vale a dire, con la «patria», e della dignità dello sconfitto. Soprattutto non provano l'esigenza malsana di dimostrare di «appartenere alla nazione» al cento per cento, attraverso la continua accentuazione del loro amore verso la patria. Non ripudiano la loro provenienza, ma allo stesso tempo non sopprimono sentimenti giustificati, che ci sembra ancor più denigrante del ripudio della *Heimat*.

III

Gli ebrei sono più antichi del concetto di «nazione». Da quando hanno lasciato i ghetti, questo fatto è loro talmente estraneo, che hanno perfino tentato – con il sionismo – di darsi anch'essi una «nazionalità» secondo gli esempi moderni. Ciò era senza dubbio una misura necessaria, quindi sana, ma purtroppo insufficiente contro lo sciovinismo delle nazioni moderne. Diciamo: una misura insufficiente. Il sionismo non potrà mai diventare il contrario, non solo per motivi materiali, ma perché tra la missione degli ebrei di dare un Dio al mondo, e la loro esigenza di possedere un «proprio Paese», è contenuta un'enorme contraddizione. Non è colpa loro. Il Messia si fa attendere a lungo, e come popolo bisogna assimilarsi alle forme nazionali degli altri. L'enorme tragedia degli ebrei non consiste solo nel fatto che vengono perseguitati, ma anche nel fatto che per il momento vedono solo *una* via di salvezza: diventare miseri come gli altri. Erano stati sparpagliati nel mondo per diffondere il nome di Dio. Invece hanno dimenticato Dio, e ora devono ritirarsi di nuovo in una nazionalità geograficamente limitata. In questo «ritorno» degli ebrei sta probabilmente una tragedia ancora più grande che nella loro dispersione. Hanno dimenticato che le nazioni moderne sono una moda di appena cento anni, conseguenza immediata dell'Illuminismo e delle scienze naturali, e altrettanto caduca come tutte le mode. Loro stessi, gli ebrei, diligenti e arditi come sono, *novarum rerum cupidissimi*, hanno contribuito a preparare questa moda. Combattenti zelanti nella battaglia per i diritti delle nazioni, ora sono costretti a sentire il rimprovero di essere cosmopoliti. Non lo sono, purtroppo. E quanto avremmo bisogno adesso di un paio di milioni di cosmopoliti! Abbiamo troppi barbari nazionali, troppe nazioni barbare! L'unico potere universale in questo triste mondo, la Chiesa, si vede, o meglio pensa di essere costretta a legittimare indirettamente il nazionalsocialismo attraverso concordati. L'Internazionalismo proletario è, come si vede, senza futuro. Ora anche gli ebrei tradiscono il pensiero universale dell'umanità. Ma non lo considerano un tradimento. Mentre sembra un infame tradimento la rinuncia al passaporto del Reich.

Quale disonore è non appartenere ad *alcuna nazione*? In cosa consiste effettivamente l'onta? Uno nato fuori dal matrimonio non si vergogna più di ammettere di non sapere a quale famiglia appartiene. Perché tutti si vergognano quando viene loro rimproverato di non avere in realtà una patria? Non è forse più onorevole essere un uomo (o un cristiano) che un tedesco, un francese, un inglese? Stare tra le razze mi sembra più desiderabile che radicarsi in una di loro, e fosse anche «solo» per il motivo che è più semplice innalzarsi al di sopra delle razze. E forse è anche questo uno dei motivi dell'antisemitismo: è l'invidia dei prigionieri, per i quali i liberi sono un orrore. I detenuti fanno della miseria una virtù, e dichiarano che la loro cella è un paradiso. L'uomo non è un albero. È un modo folle dei tedeschi per degradare i loro eroi confrontarli con le famose querce. Un uomo non è, appunto, una quercia. La quercia è prigioniera e l'uomo è libero. Anzi, un uomo, che durante un temporale si ripara sotto una quercia, corre il rischio di morire fulminato. Gambe e piedi Dio li ha dati all'uomo, perché possa errare sulla Terra, che è sua. Errare non è una maledizione, è una benedizione.

Der Segen des ewigen Juden. Zur Diskussion, «Die Wahrheit», Praga, 30 agosto 1934.

TUTTI SENZA PASSAPORTO. PAROLA CONCLUSIVA SU «LA BENEDIZIONE DELL'EBREO ERRANTE»

Alla redazione di «Die Wahrheit»!

La ringrazio molto per avermi concesso l'opportunità di affrontare con una parola conclusiva le diverse e, noto con piacere, numerose repliche che il mio articolo *La benedizione dell'ebreo errante* ha suscitato. I signori che mi hanno contraddetto mi sembra siano partiti da intuizioni così uniformi che non è necessario rispondere a ognuno singolarmente; ma lo farei volentieri, se solo la mia convinzione che oltre al problema tedesco-ebreo ne esistono anche altri altrettanto importanti non mi negasse la libertà di abusare dello spazio di una rivista così scrupolosa e autorevole. Devo pertanto limitarmi a una sorta di «codice» e parlare in un certo qual modo da àugure a degli àuguri.

Quasi tutti quelli che mi hanno contraddetto hanno considerato il titolo provocatorio del mio articolo, fatto con intenzioni giornalistiche, come se esprimesse il senso delle mie argomentazioni. Quasi tutti quelli che mi hanno contraddetto sono seguaci dell'idea sionista e hanno pensato di vedere nelle mie argomentazioni più o meno una «presa di posizione» contro tale idea. Infine, quasi tutti quelli che mi hanno contraddetto hanno immaginato che ciò che avevo affermato in particolare degli ebrei tedeschi fosse riferito agli ebrei che vivono all'interno di altre nazioni.

Mi sia concesso di approfondire prima quest'ultimo punto: gli ebrei del Reich tedesco non sono da comparare agli ebrei di altri Paesi, non solo perché il Reich tedesco di oggi, quindi il cosiddetto «Terzo Reich», si differenzia dagli altri Paesi per un antisemitismo particolarmente antropofago, ma anche perché i tedeschi da sempre si sono distinti dagli altri popoli per particolare rudezza, bassezza, cattivo gusto, acristianità e anticristianità. Sotto la guida prussiano-luterana il popolo tedesco ha sempre mostrato il desiderio latente di stare al di fuori della cristianità europea, o addirittura di marciare contro di essa. Non si può negare che gli ultimi roghi delle streghe siano avvenuti in Germania, e in nessun'altra parte. Il ghetto degli ebrei tedeschi è stato soppresso dall'imperatore francese, Napoleone. E non è un caso che l'unico elefante della storia nel negozio di porcellane, cioè Martin Lutero, fosse un tedesco. Il suo successore o, per meglio dire, uno dei successori nel negozio di porcellane, è Adolf Hitler. Non sono gli ebrei – come diceva il motto spiritoso – a essere difficili da battezzare, ma i tedeschi. Non si chieda il perché. Sembra essere un mistero di Dio. (Ne esistono tanti.)

Gli ebrei tedeschi non ottennero la loro uguaglianza civile e umana dai tedeschi, ma dai francesi. Nonostante ciò gli ebrei hanno sempre difeso la Germania contro il mondo cristiano-europeo rinnegando, in effetti, se stessi e lo hanno fatto con ogni mezzo: con la spada, la penna, il pennello, e perfino con la chimica. In Germania gli ebrei erano ingegneri, piloti, scienziati, poeti, registi, attori, editori, giornalisti. In Germania gli ebrei hanno incoraggiato geni e talenti non ebrei. Gli ebrei hanno reso popolare Wagner. Gli ebrei hanno eletto Goethe a genio della nazione. Gli ebrei hanno reso comprensibile il Romanticismo al resto dell'Europa. Gli ebrei hanno reso grande la stampa tedesca, arricchito la scienza tedesca, favorito il teatro tedesco; hanno persino fatto dono di talenti guerreschi al corpo degli ufficiali tedeschi nel quale erano sempre dei paria. Lo stesso eroe prussiano Bismarck ha dichiarato che un tedesco è utile solo quando discende da ebrei. Dal 1872 in poi i tedeschi non ebrei sono stati perlopiù marescialli, viaggiatori, poeti della zolla, dilettanti, generali che perdono le guerre, in ultima istanza abili ingegneri. Non esiste popolo al mondo che dovrebbe essere tanto grato agli ebrei come quello tedesco. Perciò, questo è il ringraziamento! Per Dio! Gli ebrei sono folli se ora si presentano umilmente solo come vittime anziché come creditori. Nessun ebreo ceco, polacco o russo può paragonarsi a uno tedesco. Nessuna nazione europea ha ottenuto tanto dagli ebrei; sì, ottenuto! Da sessant'anni gli ebrei tedeschi rappresentano il nome tedesco nel mondo. Questo era così presente nella coscienza del «mondo intellettuale» tedesco, che in ogni talento non ebreo s'iniziò a fiutare un «ebreo». Si fiutarono «ebrei» nei fratelli Mann, in Eckener, nel regista Piscator, e persino in Goebbels. E a ragione: perché gli ebrei erano produttivi, intelligenti, capaci, mentre i tedeschi non ebrei da sessant'anni non sanno far altro che addestrarsi militarmente. Certo, ci sono state delle eccezioni. Niente è più caratteristico del fatto che quasi ogni artista «ariano» importante della Germania era sospettato di ebraismo. Perché, in questo Paese di barbari chimici, chiunque si distinguesse nel regno dello spirito dava nell'occhio. Quindi doveva essere un «ebreo».

Quello che avevo scritto sugli ebrei tedeschi, non si riferisce affatto agli ebrei di altre nazioni. I tedeschi sono un caso del tutto particolare. Purtroppo anche gli ebrei tedeschi.

II

Sono molto lontano dall'essere un nemico dell'idea sionista. La definii tragica semplicemente perché soffro al pensiero che un popolo, dal cui grembo è nato il «pensiero cosmopolita», sia ora costretto a diventare una misera «nazione» con una «patria». Capisco questa necessità. Ma la compiango. La compiango esattamente come compiango le altre nazioni, le altre patrie, le altre «zolle». Desidererei che non ci fossero affatto patrie. Vorrei vedere su questo mondo nient'altro che un'unica «patria», il Paese di Dio, padre di tutti noi, in cui ognuno possa, senza passaporto, senza nome, spostarsi o fermarsi come più desidera o come più corrisponde alla sua natura. È già abbastanza triste che altri popoli formino «patrie», tanto più è triste – così lo intendevo – che anche il popolo di Israele, da cui venne il Salvatore, debba formare una «patria»! Certamente mi rendo conto di questa necessità. Ma è – spero – una necessità temporanea. Non è eterna! Si dia dunque, per soddisfare le necessità temporanee, una «patria» agli ebrei, come l'hanno tutti gli altri. Ma è poi sufficiente per tutti gli ebrei? Questa patria non è forse sufficiente per appena tre milioni di ebrei, secondo calcoli ottimistici? E non solo ce ne sono sedici al mondo, ma di questi sedici milioni due terzi non mirano affatto a una patria palestinese, bensì a un'«assimilazione» (limitata) alle nazioni nelle quali vivono! In queste circostanze il sionismo è una reale soluzione del problema ebraico? Nel caso migliore tre milioni di ebrei troveranno una patria, una casa, una *Heimat* in Palestina. E gli altri? Ci sono sedici milioni di ebrei!

III

Non esiste altra possibilità se non quella che gli ebrei che non si assimilano nei loro Paesi e quelli che non vanno in Palestina pur rimanendo ebrei, diventino i portatori del pensiero della patria comune. La nostra patria è l'intero mondo. L'ha detto Gesù Cristo, il figlio di Dio e degli ebrei. Ripeterlo sarebbe il compito più nobile degli ebrei. Non credo che Dio faccia vivere un popolo per 6.000 anni perché alla fine ridiventi, dopo aver ricevuto le Leggi sul Sinai, una «nazione» che riceva leggi da un apprezzato professore universitario di giurisprudenza. La storia degli ebrei è così particolare che anche a un uomo che non fosse come me incline a credere al miracolo, dovrebbe apparire evidente il compito peculiare di questo popolo. Gli ebrei hanno creato la fisionomia di questo mondo: Mosè, i Profeti, Gesù. È una follia non ammettere che sia un popolo singolare, per il quale le normali leggi degli altri non possono essere valide.

Poscritto:

In una ridicola nota nell'angolo della posta, il «Gegen-Angriff»[13] pensava di poter collegare un'infelice inclinazione all'ironia con un felice cenno alla mia opera letteraria. Nel campo del patetico il «Gegen-Angriff» è sicuramente imbattibile. Non ne dubito. Nel campo dell'ironia è meglio che non si inoltri. Il richiamo al fatto che io sia il successore del mio «Giobbe» è uno scherzo che poteva essere fatto da uno stalinista villano. Radek si vergognerebbe. Consiglio al «Gegen-Angriff», che (per il resto) stimo molto, di utilizzare redattori ironici per l'angolo della posta, e non redattori patetici.

Nota della redazione:

Per quanto volentieri diamo spazio alla parola conclusiva dell'autore, ci sembra però di non poter tralasciare l'osservazione che, a nostro avviso, con il suo giudizio generale di condanna contro il popolo tedesco Joseph Roth superi i limiti. A questo riguardo non possiamo identificarci né con Joseph Roth né con il contributo alla discussione di Felix Stössinger[14]. Pensiamo piuttosto che qui si commetta nei confronti dei tedeschi lo stesso errore che i tedeschi del Terzo Reich commettono nei confronti degli ebrei. Giustizia impone di constatare che anche oggi esistono milioni di tedeschi non corrosi dal veleno prussiano-luterano-hitleriano. Questo è stato dimostrato a sufficienza dai voti dell'ultima elezione di Hitler, dall'eroica battaglia della Chiesa (cardinale Faulhaber, Pfarrernotbund)[15], dagli irriducibili martiri dei campi di concentramento e dai «tribunali del popolo» tedeschi, e continua ad essere dimostrato ogni giorno.

Jedermann ohne Paß. Schlußwort zum «Segen des ewigen Juden», «Die Wahrheit», Praga, 6 ottobre 1934.

NELLA CRIPTA DEI CAPPUCCINI

Qui dorme il mio vecchio Kaiser, *Sua imperialregia Maestà apostolica, Francesco Giuseppe I.* Dorme in un modesto feretro, che è ancor più modesto e stretto e senza pretese di quel letto in cui durante la sua vita era solito dormire al castello di Schönbrunn, e la maestosità che durante la sua vita lo circondava di splendore e che aveva incarnato, si univa alla maestosità della morte del Kaiser di tutti i Kaiser...

Quando il Kaiser Francesco Giuseppe venne sepolto[16], io, uno degli innumerevoli soldati della sua armata, un membro senza nome della doppia schiera che allora formavamo, stavo appena davanti alla Cripta dei Cappuccini per salutare la sua illustre salma. Era autunno, pioveva una pioggia grigio scura sulle nostre uniformi da campo, sulle linde canne azzurrognole e sulle lucide impugnature marroni dei nostri fucili, sui berretti e sui visi e sugli stivali lucidati di fresco, su donne e civili in lacrime alle nostre spalle e sulle lanterne coperte da un velo. Pioveva piano e in modo penetrante e incessante e... mai nella mia vita dimenticherò quella pioggia. Ho visto molti tipi di pioggia, pioggia durante la guerra e pioggia durante la pace, pioggia davanti al nemico, pioggia durante l'avanzata, pioggia durante il ritiro; ma quella pioggia davanti alla Cripta dei Cappuccini, quel giorno in cui venne sepolto il Kaiser, mi sembra fosse una pioggia particolare, quasi una pioggia che il cielo stesso aveva conservato fino all'ora in cui Francesco Giuseppe I venne sepolto. Era come se il cielo buttasse acqua su un sepolcro; così come gli uomini che seppelliscono una salma usano gettare un pugno di terra dopo l'altro sul morto. Era una pioggia tutta particolare. Mai ho più visto in seguito qualcosa di simile. Non pioveva, giù dal cielo scendevano lacrime. E allora, in quel giorno percepii per la prima volta (e per l'unica volta) la verità della metafora così spesso e banalmente abusata: il cielo piange. Il mio cuore, certamente più piccolo del cielo, allora piangeva in modo più violento di lui; e neppure l'imperialregio regolamento di servizio, che allora regolava, mitigava, reprimeva i miei sentimenti, poteva impedirmi di piangere.

Stavo immobile sull'attenti. Ma il mio cuore era pesante, e i miei occhi, militarmente rivolti all'accompagnamento funebre secondo gli ordini, si riempivano di lacrime così che, sì, guardavo, ma non vedevo niente. – Chi rimpiangevo allora? – Certo, il Kaiser Francesco Giuseppe: ma anche me stesso, la mia stessa infanzia, la mia stessa gioventù. E nonostante in quell'ora sapessi che presto, presto sarei stato chiamato e destinato a morire per il

Kaiser defunto e per i suoi successori, e nonostante allora fossi così giovane, mi sembrava che fosse quasi irriguardoso morire dopo il Kaiser, il cui splendore aveva illuminato la mia gioventù e la cui sofferenza l'aveva rabbuiata. Allora sentii di essere un austriaco; un vecchio austriaco. Tutti i Kaiser dell'Austria erano stati i miei Kaiser. Tutti i Kaiser dell'Austria che potrebbero ancora venire saranno i *miei* Kaiser. Ma il pronome «mio», riferito al Kaiser Francesco Giuseppe, acquista un significato particolare: diventa, per così dire, un comparativo di maggioranza; diventa «ancora più mio» che mio. Tutti i Kaiser austriaci sono i miei Kaiser. Ma Kaiser Francesco Giuseppe è il mio Kaiser *particolare*, il Kaiser della mia infanzia, della mia gioventù...

Per questo, quando ho la fortuna di poter ritornare a casa, in Austria, vado in pellegrinaggio alla Cripta dei Cappuccini per salutare il mio Kaiser. E mentre la buona guida rallegra il mio cuore (introducendo in imperialregio tedesco antico le relative con un *was* anziché con un *der* o *die*), tengo il seguente muto discorso al mio vecchio Kaiser Francesco Giuseppe: Caro Kaiser! Ti ho servito e ti ho sepolto, ho cercato una volta di descriverti, forse con insolenza, e ti sono sopravvissuto. Ma anche nella morte sei più forte di me. Perdona la mia insolenza! Amo tutti i Kaiser austriaci: colui che ti è succeduto, e tutti coloro che ancora ti succederanno. Ma a te, mio Kaiser Francesco Giuseppe, faccio visita, perché sei la mia infanzia e la mia gioventù. Ti saluto, Kaiser della mia infanzia! Ti ho sepolto: per me non sei mai morto!

Tuo Joseph Roth

In der Kapuzinergruft, «Wiener Sonn- und Montagszeitung», 27 maggio 1935.

AL «CHRISTLICHE STÄNDESTAAT»

A suo tempo riportammo un apprezzamento di Ernst Krenek[17] su Joseph Roth, dovemmo però poi constatare in seguito all'eco di questo articolo, che le opere di Roth, in particolare il suo «Radetzkymarsch», si prestano a molteplici interpretazioni, in qualche modo divergenti dalla nostra. L'abbiamo comunicato a Joseph Roth e ora, con gioia, diamo volentieri spazio alla sua bella risposta, che testimonia il suo profondo amore per l'Austria, in cui si difende da questi rimproveri. La red.

Egregio Signor redattore, La ringrazio per la gentile lettera, nella quale mi comunica che alcuni Suoi lettori sollevano obiezioni contro l'articolo sulle mie opere letterarie che il Signor Ernst Krenek ha pubblicato sulla Sua rivista. Diversi lettori – così Lei dice – affermano di meravigliarsi di trovare un articolo su di me sul Suo giornale patriottico, su di me, che avrei pubblicato veri «pamphlet contro l'Austria». Non ho certo bisogno di avversare l'errore a dir poco fatale di questi lettori davanti a Lei, che conosce i miei scritti, il mio comportamento verso l'Austria e sa quanto mi riconosca nell'Austria. Ma mi vedo costretto a confutare *pubblicamente* questi rimproveri: non già perché riguardino me; ma perché mi sembra caratterizzino uno stato d'animo tutto particolare, oltremodo deplorevole e persino dannoso per il pensiero austriaco, di alcuni (forse molti) patrioti austriaci. Si potrebbe definire questo stato d'animo con le parole: sciocca, o meglio, abbagliata, sensibilità. È comprensibile in un tempo sventurato come questo in cui viviamo. Colui che è minacciato – e quanto terribilmente siamo minacciati noi austriaci – sospetta persino dell'amore che lo circonda e che vuole proteggerlo appena assume i tratti pericolosi della critica, dell'umorismo, dell'ironia. Talune affermazioni sull'Austria, che il mio Kaiser Francesco Giuseppe I, buon'anima, (sicuramente non un amico degli ironici), avrebbe perdonato, ma forse addirittura anche approvato, potrebbero oggi far nascere nei patrioti austriaci il sospetto che il responsabile di queste affermazioni sia un «disfattista». È bello e commovente pensare di dover difendere la tradizione fino a giungere ad una stupenda mancanza di giudizio, andando persino contro uno che agisce egli stesso in sua difesa. È bello e commovente; ma è dannoso. Attaccando in questo modo uno scrittore che si era appena levato in difesa del proprio aggressore, non si tradisce solo il limite spirituale, ma anche, così temo, lo sventurato limite geografico, al quale noi austriaci siamo stati condannati dal trattato di pace. Tuttavia non siamo «il piccolo paesello delle Alpi», nel quale siamo costretti a vivere, siamo ancor sempre quel grande pensiero, senza il quale neppure il nostro «piccolo paesello» potrebbe durare una settimana! Il «pensiero austriaco» non è un pensiero «patriottico», ma è quasi un pensiero religioso. Non siamo «il secondo Stato tedesco», bensì il primo, per meglio dire: *il primissimo Stato tedesco, sovrannazionale e cristiano!* Quei lettori, però, che considerano uno scrittore austriaco della mia specie un «criticastro», di fatto non sono dei difensori del primo Stato tedesco, universale e cattolico, ma del «secondo» e del «piccolo paesello delle Alpi». Sono dei «difensori di provincia» bravi e di buone intenzioni. (Dalla stoffa di cui sono fatti si possono fare eventualmente dei *Gauleiter*[18]). Sono benintenzionati utilizzatori delle parole «forestiero», «zolla», «sangue e terra». Parole non austriache e antiaustriache: perché le vere parole che in Austria sono «pertinenti» sarebbero: universale, cattolico, sovrannazionale, credente in Dio e devoto a Dio. Chi ama quest'Austria, quest'Austria che vogliamo risvegliare, può esercitare il diritto di critica. Chi ha la tradizione nel sangue non teme mai di poterla ferire. I veri pamphlet contro l'Austria li scrivono solo i patetici sostenitori del «piccolo paesello» e del «secondo Stato tedesco». Questi bravi e ignari patrioti, i cattolici di provincia e gli austriaci di provincia...

Io, però, sono, con un saluto austriaco universale, il Suo devoto

Joseph Roth

An den «Christlichen Ständestaat», «Der Christliche Ständestaat», 23 giugno 1935.

EMIGRAZIONE

L'immeritato onore di partecipare a questo libro[19], al quale solo i miei illustri colleghi dovrebbero avere il diritto di collaborare, lo devo puramente al favore del mio editore.

Lo considero un immeritato onore per il motivo che non sono un emigrato in senso politico. Definisco illustri i miei colleghi non già per i loro meriti letterari, ma per il loro destino di essere emigrati politici. La sventura colse per la maggior parte solo gli eletti, e chi – prima di essere stato toccato dalla sventura – non era un eletto, in questo modo, appunto, lo diventa.

Perciò dicevo, mi è stato fatto un onore.

Ottenere il diritto d'asilo dalla comunità dei senzatetto è, in quel regno della virtù nel quale vogliamo vivere, un'onorificenza maggiore di quanto, nel campo della vita pratica, non lo sia ottenere una cittadinanza e un passaporto, e ciò avviene comunque solo in casi fortunati.

Io, che ancora ho una patria politica, sono orgoglioso di poter parlare come appartenente ai senzatetto.

II

Ho fatto questa premessa, perché mi sento in dovere di parlare dell'emigrazione tedesca in un tono forse più franco – perché più obiettivo – di quanto non sarebbe concesso e possibile alla maggior parte dei miei colleghi politicamente e giuridicamente compromessi; dato che anche quel meschino pezzo di carta che viene chiamato certificato di cittadinanza, certificato di matrimonio, passaporto, documento, ha un'influenza ben maggiore sulla nostra opinione e sulla nostra critica di quanto non si possa pensare comunemente. La parola è un sigillo – anche se così abusato, anche se abusato o rifiutato da tanta audacia non autorizzata – e ha pur sempre una forza magica. Il fatto che, nel *delirium tremens* della demenza razzista, alla maggior parte dei miei colleghi che scrivono in tedesco, sia stato negato il diritto di cittadinanza, doveva necessariamente portare loro, i servi della parola, ad un'analisi dell'emigrazione forse non del tutto corretta. Per dirla in modo più diretto: sarebbe pericoloso paragonare l'emigrazione tedesca di oggi alle altre, passate e contemporanee. Non è da confrontare né con l'emigrazione bielorussa[20], né con quella italiana e neppure con quella spagnola. Non è neanche da confrontare con l'emigrazione francese e tedesca del passato.

Heine e Börne in effetti non potevano vivere in Germania, ma i loro scritti venivano pubblicati in

Germania, Voltaire non poteva vivere in Francia, ma veniva letto in Francia, Victor Hugo non poteva vivere in Francia, ma veniva pubblicato in Francia. Di esempi ce ne sarebbero molti. Inutile qui elencarli tutti. Finora – così mi sembra – non è ancora mai stata richiamata l'attenzione sul fatto che questa emigrazione si differenzia da tutte le altre per il motivo che la letteratura è esiliata dalla patria non solo fisicamente, ma anche spiritualmente. Anzi, esistono anche emigrati – per la prima volta da quando la storia della cultura conosce le emigrazioni – che, non minacciati nel corpo e nella vita, o in qualche modo risparmiati, sono rimasti nel Paese e tuttavia sono emigrati.

Tra gli scrittori tedeschi, ai quali non è applicabile la folle legge sulla razza, ce ne sono numerosi che possono rimanere nella loro patria, che non devono neanche tacere e che tuttavia non vengono ascoltati. Forse questa è una maledizione ancora più grande dell'emigrazione fisica. Tra quegli scrittori tedeschi che sono emigrati, la maggior parte è ebrea o di sangue ebraico – non si tema di dirlo fin dal principio. Forse è una maggiore fortuna essere uno scrittore tedesco di sangue ebraico, conoscere la miseria fisica, ma anche la libertà fisica dell'esilio, piuttosto che essere rimasti in un Paese, in cui la lingua è paralizzata, l'orecchio è diventato sordo, l'occhio è abbagliato e dove perfino la penna si rifiuta di seguire la volontà di una mano che le permette soltanto di obbedire alla legge.

Finora non è esistita alcuna emigrazione determinata da leggi razziali, ma solo da leggi politiche. Di conseguenza, nelle considerazioni su questa emigrazione, tra coloro che ne sono coinvolti e tra coloro che vi si sottraggono, nascono opinioni e giudizi indistinti e persino confusi.

Sarebbe un'ingiustizia non ammettere che, tra i molti emigrati tedeschi che hanno abbandonato la Germania per i cosiddetti motivi «razziali», ve ne siano alcuni che per motivi politici non sarebbero affatto emigrati, ma al contrario, avrebbero accettato e persino appoggiato la concezione politica del regime hitleriano.

Tra gli emigrati ebrei si trovano sicuramente numerose persone che senza la legislazione razziale sarebbero diventati bravi uomini delle SA e delle SS. Se ci si volesse esprimere in modo paradossale e quasi oltraggioso allora si potrebbe dire che Dio ha preservato gli ebrei dai peccati e che dona loro fortuna nella sfortuna.

Sotto questo aspetto soltanto – così mi sembra – si può considerare questa emigrazione di nuova specie. Ogni paragone storico con precedenti altre emigrazioni è fuori luogo e non ha senso.

III

Solo dopo queste constatazioni è concesso di considerare l'emigrazione tedesca dal suo lato umano.

Un ebreo rimane sempre uno scacciato anche se, senza le leggi razziali, nella sua patria sarebbe diventato un assassino delle SA, e noi che crediamo in Dio, in questo scacciato dobbiamo riconoscere la grazia divina che gli ha impedito di diventare un assassino – e non dobbiamo giudicarlo in base alle sue intenzioni frustrate, ma in base al suo destino. Egli è povero, è misero, non solo merita aiuto, lo pretende di diritto.

IV

Non facciamoci illusioni sui seguenti tre determinanti dati di fatto: primo, il maggior numero degli emigrati tedeschi sono ebrei; secondo, nella maggior parte delle nazioni regna un antisemitismo latente; terzo, tra i rimproveri che si sollevano contro il Terzo Reich, quello contro il suo feroce antisemitismo può avere meno effetto di tutti.

Si potrebbe anzi dire al contrario: l'antisemitismo del Terzo Reich faceva parte dei suoi mezzi di propaganda più efficaci. Esso coglie esattamente l'istinto animale latente di ogni plebeo che sta fuori dal Terzo Reich e che – nato per odiare – non può però odiare un connazionale perché glielo impedisce la legge, e quindi si getta con forza decuplicata contro quell'elemento che dalla legge viene protetto meno o per niente.

Ogni simpatia – e non illudiamoci, non è poca – che il Terzo Reich ha trovato al di fuori dei suoi confini, ha il suo fondamento nell'antisemitismo latente. In effetti il Terzo Reich è riuscito a far identificare tutta l'emigrazione con l'ebraismo, e tale stratagemma si è rivelato appropriato. Di ogni emigrato si presuppone fin dal principio che sia un ebreo. In questo modo viene generato, se non un punto di vista iniquo, certamente un punto di vista deforme, «distorto». In seguito cercheremo di dimostrare quanto sia scorretto e deforme e «distorto».

V

Anche se gli emigrati fossero per l'80, o anche il 90 per cento, ebrei, non sarebbe tuttavia un fatto indicativo – così come una maggioranza numerica non è mai indicativa.

Se si suppone in favore della Germania che Hitler non la rappresenti, nonostante abbia avuto l'80-90 per cento dei suoi voti, così non si può neanche dire dell'emigrazione che sia ebraica perché composta per l'80-90 per cento da ebrei.

Non si dimentichino i cristiani!

Agli occhi degli hitleriani pagani non solo gli ebrei, ma anche i cristiani sono figli di Israele, e ad ogni occhio lungimirante appare evidente che l'antisemitismo era un pretesto e che in realtà si tratta di anticristianesimo. Nel Terzo Reich si è cominciato col boicottaggio dei negozi ebraici semplicemente per procedere al boicottaggio delle chiese cristiane. Si è sputato sulla stella di David per attaccare la croce. C'era del sistema in questo metodo. Era la teoria di Alfred Rosenberg, dell'autore del Ventesimo secolo[21], che sa bene – e lo dice anche – che la stella di David e la croce di Cristo sono imparentati tra loro, ma non la croce e la svastica.

Oggi è troppo tardi per rimproverare ai cristiani tedeschi di non aver capito abbastanza in tempo in quale pericolo si stavano addentrando quando nei confronti della legislazione razziale contro gli ebrei assunsero un atteggiamento di scarsa partecipazione, in ogni caso di indifferenza. Forse qui per la prima volta nella storia europea gli ebrei hanno favorito il Cristianesimo a proprio discapito, e forse questo è nelle intenzioni della provvidenza, di cui non conosciamo il proposito e le vie. Forse qui per la prima volta gli ebrei hanno dovuto subire una minima frazione di quell'onta che è stata arrecata al Salvatore, in modo da iniziare a comprendere quanto sia stata grande! Ma anche rivivere la minima frazione della sua onta doveva, per gli altri popoli, essere un segno del sacrilegio compiuto dagli Hitler e dai Rosenberg.

Quelle iscrizioni oltraggiose, che fino a quattro anni fa si leggevano solo sui templi e sulle sinagoghe ebraici, oggi stanno sui muri delle chiese cristiane: e così come – fino a quattro anni fa – il nome di Mosè era considerato un nome infame, oggi lo è il nome di Gesù Cristo. No! In realtà non si era pensato alla stella di David, che comunque non era da temere. Si pensava alla croce, che è di gran lunga più temuta. Non si può fare a meno di rimproverare alla Chiesa cattolica, vale a dire, alla rappresentanza politica della Chiesa cattolica, di non aver compreso in tempo queste concatenazioni. Non significa attaccare l'autorità della Chiesa, se si mostra, senza nuocere alla sua essenza, uno dei tanti errori politici commessi nel corso dei secoli; giacché essa sopravvivrà al mito del Ventesimo secolo di Rosenberg allo stesso modo in cui è sopravvissuta all'inquisizione spagnola, della quale è stata anche nemica. Ciò deve essere sottolineato chiaramente.

VI

Ciò deve essere sottolineato chiaramente, perché l'antisemitismo tedesco-pagano di oggi viene così spesso paragonato all'inquisizione spagnola.

Non avendo una precisa conoscenza delle divergenze che sono esistite con la Spagna, si è facilmente portati a dare a Roma la responsabilità dell'inquisizione – quando invece è stata essa stessa una vittima dell'inquisizione – e dunque può esserci il pericolo che anche nella neopagana cacciata degli ebrei si possa vedere semplicemente nient'altro che l'antisemitismo dei «cristiani»; come sembrano pensare molti ebrei.

Invece neppure l'inquisizione spagnola, osteggiata anche da Roma, è da paragonare con l'antisemitismo della Germania di oggi; poiché l'antisemitismo dell'inquisizione fu un equivoco religioso, metafisico; mentre l'antisemitismo della barbarie tedesca di oggi non è un equivoco metafisico, bensì la logica conseguenza di un razionalismo pagano. Non si ripete mai abbastanza – anche se ci si vergogna –, che i tedeschi di oggi non odiano gli ebrei per il fatto che hanno crocefisso Gesù Cristo, ma perché l'hanno generato. E se anche gli ebrei fossero disposti a venire incontro all'autore del «mito» e a certificare una non-verità storica, lo potrebbero fare tentando di ingraziarselo attraverso la confessione di aver crocefisso Gesù[22].

VII

L'emigrazione tedesco-cattolica, nonostante per numero sia di gran lunga minore di quella tedesco-ebraica, mi sembra abbia un significato molto peculiare. Perché solo nel cattolico il neopagano coglie quel segno, al quale aveva mirato per primo col suo antisemitismo. Questo credo del sangue dei barbari, che non può capire il simbolo, vede appunto nel sacrificio della messa la continuazione fisica del «semitismo», e il sangue dell'«ebreo» Gesù Cristo – nell'opinione di questi rozzi – si riversa nelle vene di chi si riconosce in Gesù Cristo. Si pensava al cristiano – come colui che si riconosce nella croce e come portatore della croce – quando Rosenberg iniziò a boicottare il negoziante di un emporio ebreo; e per il barbaro, la cui goffaggine ben si unisce alla furbizia tattica, era ovvio mettere gli istinti antisemiti degli ignari al servizio delle sue tendenze anticristiane. Se quello stesso barbaro non avesse avuto una tale lucida paura del potere della croce sugli inconsapevoli, allora avrebbe crocefisso Moses Leibschütz di Schleinitz[23], invece di metterlo alla gogna o bastonarlo.

Ma appena gli fu chiaro che l'inconsapevole non capiva che si andava in effetti contro la croce e non contro il Leibschütz, allora divenne arrogante nei confronti della croce.

Da ciò deriva che oggi ci sono quelle iscrizioni sui muri delle chiese, che prima stavano sui muri delle sinagoghe; anzi, che i barbari si dimentichino quasi delle sinagoghe per le chiese e che i Sette Savi di Sion agli occhi dei neopagani siano diventati meno pericolosi del Santo Padre a Roma.

Hanno iniziato a sputare sul muro del pianto di Gerusalemme; ma pensavano alla Chiesa di San Pietro, con la quale hanno stipulato un «Concordato» fasullo.

Perciò dicevo che, per l'emigrazione, gli emigrati cattolici sono più significativi di quelli ebrei.

I Rosenberg non temono i congressi mondiali sionisti, non i Sette Savi di Sion, non il tempio distrutto di Gerusalemme. Temono l'indistruttibile: il Vangelo.

VIII

Con l'inizio del Terzo Reich il protestantesimo tedesco ha avuto la sua sorpresa più grande.

Rimase sorpreso anche il mondo, che non ha mai creduto che in Germania un qualunque potere politico statale potesse combattere il protestantesimo. L'antisemitismo era tradizione comune. La lotta contro la Chiesa cattolica lo era quasi altrettanto. Chi avrebbe potuto pensare che il nazionalsocialismo avrebbe attaccato anche il luteranesimo? Quando Hitler arrivò al potere e la sua opera *Mein Kampf* veniva lodata da tutte le lingue devote, il paragone Hitler – Lutero era quasi di uso corrente. Non dobbiamo qui analizzare la verità profonda di questo paragone. All'autore di queste righe sembra in effetti che il neopaganesimo di Hitler sia connesso alle tesi di Wittenberg e che senza queste sarebbe impensabile. Ma di fronte alle persecuzioni contro la Chiesa protestante le convinzioni personali dell'autore di queste righe ammutoliscono. Nel Terzo Reich sono anzi ammutoliti anche coloro che paragonavano Hitler a Lutero.

Gli ebrei erano preparati a un attacco. I cattolici tedeschi avrebbero potuto immaginarsi facilmente che sarebbero stati perseguitati dal Terzo Reich. (Dai tempi di Bismarck.) Ma i protestanti?

In Germania la persecuzione della Chiesa protestante è una originalità del Terzo Reich tanto quanto lo sono le leggi razziali contro gli ebrei.

I protestanti dapprima tacquero. Per la prima volta da quando esiste un nuovo Reich tedesco, vengono perseguitati i protestanti. Da trecento anni i protestanti tedeschi non hanno, per così dire, alcuna tradizione nell'essere perseguitati. Vi si sono dovuti abituare molto velocemente.

E vi si sono abituati molto velocemente. Le loro reazioni furono persino più violente e immediate di quelle dei cattolici. Ciò è dovuto a cause oggettive.

Il prete cattolico dipende indirettamente da Roma, e Roma è lontana. La gerarchia ecclesiastica della Chiesa cattolica è complicata. Ci vuole molto tempo prima che un vicario ottenga istruzioni dal suo vescovo, il vescovo dal suo arcivescovo, l'arcivescovo dal cardinale, ed è naturale che sia così. Il Vaticano è uno Stato sovrano. I religiosi protestanti però hanno più libertà di movimento politico. Potevano reagire più prontamente. Essi hanno reagito.

Questo era uno degli errori di calcolo della politica neopagana, i rosenberghiani avevano creduto che dopo un concordato illusorio con il Vaticano sarebbe stato molto facile farla finita con l'idea di Cristo; i protestanti sarebbero appunto solo «mezzi cristiani».

Guarda qua: si sono sbagliati!

I protestanti sono del tutto cristiani e, come si è visto, pieni di una passione che raggiunge il limite del martirio. Anzi, si nota molto di più: mai in Germania i rapporti tra protestantesimo e cattolicesimo sono stati così forti come adesso. Mai fu così ferma la consapevolezza che riconoscersi nella stessa croce e nello stesso Salvatore è più importante della reminiscenza delle guerre di religione del passato. Quello spirito che vuole sempre il male e crea sempre il bene, ha qui infuriato in modo sorprendente. Per la prima volta dalla rivoluzione esiste nella storia tedesca una vera solidarietà tra protestanti e cattolici.

Ben pochi protestanti emigrano dalla Germania. È nella natura della loro religione non emigrare, ma appunto rimanere e protestare. La fine fisica è per loro certa. Col loro sangue fertilizzano i campi tedeschi, dai quali già nei prossimi anni nasceranno nuovi campi cristiani.

IX

Accanto agli ebrei, socialisti, comunisti e anarchici, i cosiddetti elementi «rivoluzionari», formano la parte più grande dell'emigrazione. Fuggiti oltre i confini, essi vivono da «illegali», per la prima volta, il destino dei loro padri spirituali. Tollerati in Germania e per così dire imbevuti di legalità, erano già quasi in procinto, non tanto di rinunciare alle loro idee, bensì di perdere quello spirito che è parte integrante di ogni idea rivoluzionaria. Osservato dal punto di vista storico, il Terzo Reich ha probabilmente annientato le teorie sulla metodica rivoluzionaria; ha invece rafforzato enormemente l'impeto del rivoluzionario singolo. In molti socialisti e comunisti si è risvegliata quella attitudine anarchica dalla quale un tempo erano animati i socialrivoluzionari russi, che con le loro bombe hanno aperto la strada alle azioni terroristiche dei singoli individui, ripudiate da Marx e Lenin, e al bolscevismo. Perché, non illudiamoci, non il *Capitale* di Marx, non la dottrina socialista e non la sua interpretazione leninista hanno preparato la rivoluzione in Russia: bensì proprio le azioni individuali di quei terroristi che Lenin, e in seguito Stalin, hanno condannato ancor più duramente di quanto non avesse fatto a suo tempo lo Zar.

Fosse stato per Marx e per Lenin, la rivoluzione mondiale la si sarebbe avuta al più tardi due anni dopo quella bolscevica. Perché non arrivò? Perché non si realizzò neppure la «profezia» di Lenin che, dopo la Russia, anche in Spagna avrebbe vinto la rivoluzione?

Avviene invece il caso contrario! La reazione fascista vince se la Spagna non viene salvata, per grazia di Dio e dell'Inghilterra, da una monarchia.

Tranne che in Russia, negli altri Paesi non era appunto esistito alcun terrorista e alcun socialrivoluzionario. Decisivo, storicamente decisivo, è sempre proprio l'individuo, lo strumento designato da Dio. La stupida interpretazione letterale della dottrina (marxista) ha radicalmente ucciso lo spirito rivoluzionario che esiste elementarmente in ogni individuo. L'idea astrusa e astratta di proibire al singolo la ribellione, legittimandola soltanto per il «collettivo», non solo non ha portato a quel «progresso» che è la religione dei marxisti, ma al contrario ha generato il fascismo e il nazionalsocialismo. Non si deruba impunemente l'individuo del suo diritto primario: ribellarsi.

Da molti segni si può riconoscere che molti hanno abiurato la dottrina socialista e comunista; forse si può dire che si crea una nuova Internazionale, la quarta, la socialrivoluzionaria, i cui membri vengono da tutti i campi – da quelli religiosi come da quelli areligiosi, né dipendenti da Mosca né dal cosiddetto trockismo.

X

Non è facile parlare dei cosiddetti emigrati «borghesi» che, legati alla patria o no, hanno abbandonato la Germania per motivi economici. Per quanto riguarda gli ebrei, per loro potrebbe valere la frase: Dio abita molto in alto, e ci si ricorda di Lui solo quando le cose vanno molto male. Questi sono degli emigrati che in realtà smentiscono la nobiltà che è implicita in questo termine. Non avrebbe alcun senso parlare di loro se non per il fatto che hanno figli, fratelli, cugini che dipendono da loro. La maggior parte dei commercianti piccolo-borghesi ebraici sarebbe certamente rimasta in Germania, se non ci fosse stato il boicottaggio ebraico, e molti di loro vi sono anche tornati. Vi sono banchieri ebrei che prima dell'avvento del Terzo Reich non solo si limitavano a considerare il nazionalsocialismo «non così grave», ma hanno anche tentato di assicurarsi, attraverso dirette o indirette donazioni di soldi, una nota di merito dai futuri detentori del potere e, ancora oggi, non hanno smesso di pensare al ritorno in Germania. Quale speranza li porta a credere a questo ritorno, quale mente tragica e fallace, anzi, quale confusione mentale! Essi sono così! In Germania gli affari andavano bene, all'estero va peggio o meno bene – e quindi il senso per gli affari si mescola in modo singolare col patriottismo, e lo spirito del commercio ha nostalgia di casa.

Ogni emigrazione ha le sue manifestazioni ripugnanti. Ma qualcosa di più ripugnante di questi commercianti tedeschi, fino adesso certamente non l'ha avuto nessuna emigrazione. Nonostante tutta la loro nostalgia di casa comprano passaporti cubani, cittadinanze peruviane, e, mentre si preparano già a sottrarre le tasse alle nuove patrie, piangono lacrime tedesche sui nuovi passaporti e sulle carte d'identità.

Sono la feccia dell'emigrazione. Nuotano sulla superficie – in modo visibile –, e dato che promettono ai Paesi che li ospitano di introdurre danaro, essi sono meno scomodi di proletari, dotti, artisti e scrittori. A loro riesce di sentirsi a casa nella nostalgia tanto quanto negli alberghi. E se per le autorità esistesse la possibilità di applicare quelle misure di igiene e quelle disposizioni per i permessi di soggiorno che noi auspichiamo, allora sarebbe opportuno richiedere la loro espulsione.

I russi erano pur sempre benestanti o facoltosi quando emigrarono. I tedeschi erano poveri quando apparve il Terzo Reich. Non avevano oro, nessun gioiello, nessuna proprietà all'estero a differenza degli emigrati russi. Centinaia di migliaia di persone che avrebbero voluto emigrare non potevano comprarsi neppure un biglietto fino al confine. Perciò giustizia impone di aggiungere all'emigrazione anche le centinaia di migliaia rimaste in Germania. Come vivono? Cosa leggono? Cosa pensano? Non si sa. Non si può immaginare lo stato di un uomo che è emigrato e – allo stesso tempo – è rimasto nel Paese.

Da alcuni tedeschi del sud – in particolare da bavaresi e renani – si sente dire che ripongono la loro speranza nell'unico Paese tedesco rimasto ancora libero, ossia l'Austria. Essi sperano nella duratura indipendenza di questo Paese.

Emigration, manoscritto del 1937, Leo Baeck Institute, New York.

L'AFFARE CRIMINALE DEL PREMIO NOBEL

La lodevole, la meritevole risoluzione, che il PEN Club ha adottato al suo ultimo convegno per la tragica vicenda Ossietzky[24], purtroppo prenderà la via di tutte le risoluzioni; la via della dimenticanza.

Prima dell'onorificenza del Premio Nobel, che è stata per così dire assegnata all'*astratto* Ossietzky, intendo dire, al concetto dello scrittore tedesco martoriato nel Terzo Reich, non però a quello in carne e ossa – e solo Dio sa se è ancora vivo –, dalle risoluzioni ci si poteva aspettare alcuni effetti.

Dopo tale onorificenza una risoluzione non è più sufficiente. Ora potrebbe al massimo essere d'aiuto un provvedimento del Consiglio dei Ministri inglese, non però un provvedimento degli scrittori. E nonostante si possa presumere con una certa sicurezza che un Consiglio dei Ministri europeo in questa rassegna mondiale si occuperà eventualmente più di un padiglione che di un uomo immerso nella latrina di un campo di concentramento tedesco, sarebbe stato ovvio dovere del Comitato per il premio Nobel interessare alla causa del suo Premio Nobel alcuni «potenti di questa Terra» e non lasciare la preoccupazione per la giustizia, per la vita di Ossietzky e per l'onore del Comitato ai più impotenti di questa Terra, vale a dire agli scrittori. Io ammiro i miei colleghi, perché hanno la capacità di attenersi ostinatamente a metodi che si sono rivelati per cento volte inefficaci, ridicoli e spesso addirittura dannosi. Il ministro e scrittore Goebbels legge le risoluzioni con lo stesso piacere che provammo noi leggendo il «Simplicissimus»[25]. Non si può dire che per Ossietzky canti solo un gallo. Al contrario: tutti i galli cantano per lui. In quanto a metodi infruttuosi però, gli scrittori non vengono superati neanche dalla buon'anima della socialdemocrazia. Un appello urgente al mondo attraverso la radio sarebbe stato più efficace, anche se questo mondo probabilmente avrebbe spento l'apparecchio già dopo le prime frasi. Un appello urgente al Presidente degli Stati Uniti avrebbe, almeno per un paio di giorni, fatto tendere l'orecchio a questo «mondo» sordo. Ma la «risoluzione» di un congresso che in verità – siamo onesti! – è una conventicola, una protesta *sub rosa*, chi la vuole conoscere? Ha il PEN Club fatto anche il minimo sforzo perché i suoi discorsi, diretti a un ampio pubblico, venissero trasmessi via radio? Ed è stato fatto anche un solo tentativo di illuminare la fitta oscurità diffusa attorno al Premio Nobel assegnato ad Ossietzky?

Perché regna l'oscurità attorno al Premio Nobel a Ossietzky. È stupefacente che ci si interroghi così raramente o per niente sui seguenti fatti: 1. Come si è espresso Ossietzky – veramente – al riguardo? Con chi? 2. Chi ha ricevuto i soldi: lo Stato o la moglie di Ossietzky e, se nessuno dei due, chi li amministra? 3. Il Comitato per il Premio Nobel ha intrapreso dei passi presso il governo del Terzo Reich: a) per avere notizie chiare sullo stato di salute del Premio Nobel? Quando? Dove? Chi ha risposto? Come è stata la risposta? b) se Ossietzky è malato, un rappresentante del Comitato ha parlato col suo medico, ha richiesto anche solo un resoconto scritto da parte del medico?

Qua occorre un criminologo, non una risoluzione. È un caso criminale. Si è mai verificato che venisse conferita un'onorificenza e chi assegna il premio non si preoccupasse di sapere se il premiato fosse malato o venisse torturato o fosse diventato pazzo? In guerra era usanza conferire un'onorificenza postuma a soldati coraggiosi caduti. Veniva comunicato nell'ordine di servizio che l'insignito era caduto. Quanto onesto e pulito appare il comportamento di un comandante, che doveva distribuire premi di guerra. E quanto patetico risulta, invece, un areopago etico che distribuisce premi per la Pace. Se non è un caso criminale, allora è una brutta, sanguinosa commedia. Ci si può immaginare uno scambio epistolare di questo tipo tra il Comitato per il Premio Nobel e il Terzo Reich:

Richiesta a Sua Eccellenza, Signor Ministro-Megafono Caino presso Berlino: «A Sua Eccellenza ci permettiamo di chiedere gentilmente, perché il Suo pacifico fratello Abele, che abbiamo appena premiato, non viene a ritirare il suo premio. Distinti saluti...».

Risposta: «In risposta alla Sua Le comunico che considero il conferimento di un premio per la Pace al mio cosiddetto fratello Abele un'ingerenza nelle questioni di uno Stato estero. Il Signor Abele è impossibilitato a ritirare premi per motivi di salute. Ogni notizia gioiosa potrebbe ucciderlo! Heil! Caino».

Telegramma del Comitato: «Grazie per l'informazione! Siamo decisi a non danneggiare oltre Abele».

Ma, se già il Comitato fallisce, cosa fanno i colleghi di Ossietzky, intendo i più intimi? I *Premi Nobel*? Si confronti ancora una volta il cameratismo tra soldati con la solidarietà dei cosiddetti «intellettuali»: Ammettiamo che il tenente X e il tenente Y debbano essere onorati a una parata, un certo giorno, per un merito comune. Per motivi inspiegabili manca il tenente Y. In dieci casi su cento il tenente X non seguirà la disciplina militare e chiederà conto della misteriosa assenza del suo camerata. In cinquanta casi su cento il tenente X obbedirà alla disciplina militare, ma non riposerà finché non avrà scoperto dove è il suo camerata. E cosa fecero i Premi Nobel che avevano la fortuna di appartenere a Paesi civilizzati? Si misero un frac, fecero un discorso, non ricordarono neanche con una parola l'assente e andarono con i premi in banca per investirli in azioni il più possibile sicure: i premi sono impegnativi...

Solo un altro passo avanti e il famoso scrittore Schicklgruber[26] sarà candidato per il Premio Nobel per la Pace. Il suo stato di salute non lascia a desiderare. Potrà senz'altro andare in Svezia.

Kriminalaffäre Nobelpreis, «Das Neue Tage-Buch» Parigi, 3 luglio 1937.

CONTRO I SUICIDI

Non so se sia vero. Non sono Himmler. Si dà notizia che lo scrittore viennese Egon Friedell[27] si sia buttato dalla finestra. Prima avrebbe sparato contro la bandiera con la svastica sopra la sua finestra (o di fronte). Forse ha centrato la bandiera per caso e l'ha forata. Era un colpo nel vuoto, la manifestazione di un disperato, senza senso, sterile e orribile per noi sopravvissuti. Ad ogni modo comprensibile: molti austriaci tormentati, offesi e spaventati, bloccati da ogni confine e letteralmente ripudiati da ogni Paese, hanno scelto, come forse Egon Friedell, l'unico regno dove oggi si può entrare senza passaporto o visto; l'unico regno dal quale mai più si viene rispediti a un confine terreno…

Sarebbe sciocco voler dire qualcosa di illuminante sullo stato delle persone che scelgono di morire volontariamente. In ogni caso rimane un mistero, sul quale vale certo la pena riflettere, il motivo per cui le persone che hanno il coraggio di togliersi la vita, che in realtà non gli appartiene, non pensino alla possibilità di portare con sé anche chi secondo loro li ha condotti al suicidio. Posso ad esempio immaginarmi che tu ed io diventiamo assassini. L'omicidio può avere un senso e pure una giustificazione. Invece il suicida, che si dà la morte, che si spara, quando in realtà aveva mirato altrove, rimane per me incomprensibile, letteralmente inafferrabile finché non sarò morto e finché non sarò diventato anch'io cittadino dell'altro mondo. La barbarie in gran parte, per così dire, di stampo «marxista», secondo cui il terrore individual-anarchico è vietato e ripudiato, non la posso accettare, così come non posso accettare la teoria secondo cui gli individui socialmente pericolosi non costituiscono un pericolo sociale, e neppure che si pensi che debbano essere estirpati. È anche mia opinione che nessuno è autorizzato a togliersi la vita, dato che non è sua. Eppure bisogna chiedersi perché così tanti si tolgono la vita senza portare alla morte anche chi è causa del loro suicidio. È una domanda teologica, metafisica.

Egon Friedell ha sparato alle bandiere prima di suicidarsi (se era un suicidio). Se è così allora la sua morte è più simbolica di quanto lui stesso, l'epicureo, potesse pensare. Voleva morire, ma non poteva uccidere. Sparò a dei simboli.

Ammetto di essere un barbaro rispetto ai tanti nobili suicidi. Fossi capace di uccidermi non me ne andrei così a buon mercato. Evidentemente, coloro che si consacrano alla morte sono più nobili, più giusti e più saggi di noi. Onore alle loro ceneri!

Pace alle loro ceneri, non si può più dire.

Gegen Selbstmörder, manoscritto del 1938, Leo Baeck Institute, New York.

LA MOSTRA

Il partito fascista programma una mostra «antiborghese», all'interno della già inaugurata «Mostra sull'autarchia». Si tratterà di indicare con chiarezza quegli usi e costumi che in Italia sono considerati come tipicamente borghesi. Il corrispondente elenca i seguenti elementi: la stretta di mano, il cenno di saluto con alzata di cappello, il banchetto, le serate di conferenze, i giochi di società, un *five o'clock*, una festa di capodanno, *una vita leggera* e ogni tipo di compassione per gli ebrei.

Avviso i beffardi. Non c'è niente da ridere! Il fascismo è entrato senza alcun dubbio nel climaterio. Le sue astruse innovazioni non sono solo la conseguenza di una pericolosa confusione nel sentire e nello spirito, ma sono dovute anche a un cambiamento totale della personalità. La normalità non si è solo interrotta ma è stata sostituita dall'imponderabile, dall'anormalità appunto. D'ora in poi non è più possibile un ritorno alla norma. Anche quando ciò che è astruso è conseguenza di calcolo e furbizia, la diagnosi non viene stravolta. Malvagità e inganno sono invece indizi di una psicosi incurabile, organicamente dimostrabile. E pure le azioni che in seguito vengono riconosciute come a lungo ponderate, ordite in gran segreto o semplicemente escogitate, sono nate con la complicità di quella forza misteriosa che, in un certo senso, si è liberata ed è uscita dalla tomba dello spirito. Avviso i ridanciani. Due decenni fa, quando ancora con una certa sicurezza si poteva supporre che i curatori e i frequentatori di mostre non appartenessero ai «tipi asociali», osservai disegni e dipinti prodotti da schizofrenici. Ora, a Roma sembra che oggi non siano i medici a guidare gli ospiti per la mostra antiborghese, bensì gli stessi psicopatici: e chissà se una gran parte degli ospiti non sia caduta preda della psicosi già prima di entrare alla mostra. È significativo che questa stigmatizzazione della borghesia abbia luogo all'interno della glorificazione di ciò che è autarchico; e la via che dall'inclinazione di una collettività verso «l'autarchia» porta alla «chiusura» coattiva, all'esigenza di un individuo disturbato mentalmente a chiudersi, non è lunga. È come se la schizofrenia all'interno della sua area avesse disposto un settore per la ciclotimia. Una singolare ciclotimia, però, nella quale la depressione non si dà il cambio con la mania, ma nella quale entrambe si mescolano.

Succede che chi soffre di mania di persecuzione eviti di stringere la mano a un conoscente, di fare un cenno di saluto sollevando il cappello, di partecipare a giochi di società, di affliggere la vita degli altri tanto da rendere difficile anche la propria. L'odio verso gli ebrei invece può corrispondere a una caratteristica poco nobile, ma per nulla imbecille; considerare però la compassione per gli ebrei «un'usanza tipicamente borghese» ci sembra sospetto.

Si sa che la psichiatria è una scienza talmente giovane, e probabilmente condannata a eterni tentativi, che non conosce nessuna terapia. Si limita a definizioni e nomenclature, e le stesse diagnosi sono spesso dubbie. Le sue prestazioni sono più letterarie che curative. (Per la maggior parte gli psichiatri bravi sono anche bravi scrittori.) Per un futuro scrittore di rango sarà indispensabile la collaborazione di uno psichiatra all'opera storica sulla dittatura del Ventesimo secolo. Senza dubbio sarà facile la constatazione che la dittatorite italiana mostra una sorprendente progressione e viene alimentata da una spinta violenta verso l'allineamento. Una marcia di parata al passo d'oca, in stivali da sette leghe, dritta fino alle origini dell'Edda: questa sembra essere «l'idea fissa».

La psichiatria può tuttavia evitare che i malati rechino dei danni ai sani. Esistono guardie, celle singole, bagni freddi, punture di scopolamina, giacche di forza. A condizione però che il personale qualificato e i medici mentalmente sani siano in gran numero. E loro non dovrebbero rendersi la vita così facile come fanno gli uomini di Stato europei.

Die Ausstellung, «Das Neue Tage-Buch», Parigi, 24 dicembre 1938.

MUKACHEVO, UNA CITTÀ TRANQUILLA

Mukachevo[28] è una cittadina piccola e tranquilla. Si parla tedesco, yiddish e ungherese e slovacco e ucraino, un po' di tutto e tutto piuttosto bene. Nella vecchia monarchia godette della sua pace poliglotta e anche di quella militare. Perché saltuariamente era territorio di manovre. E ora che così tanti paramilitari circolano per il mondo, si capisce quanto un vero esercito possa essere pacifico. Inoltre oggi, che così tanti Stati – non solo cittadini – valicano, per così dire, i propri confini, si capisce quale grazia di Dio possa rappresentare un assetto statale poliglotta. È passato tanto tempo! Allora ai ruteni non venne in mente di sparare su Mukachevo. Due volte a settimana a Mukachevo c'era il mercato del bestiame. Anche allora le persone si picchiavano: ma all'osteria di Salomone Komrower.

Mukachevo, la cittadina tranquilla, oggi avrebbe il diritto di chiedersi e di chiedere ai capi di Stato – in tedesco, yiddish, ungherese, slovacco, ruteno – come sia arrivata a essere sballottata come una palla di neve oltre i confini e le linee di demarcazione tra diversi Stati. In men che non si dica ci sono quattordici morti a Mukachevo. I gendarmi cecoslovacchi, che ieri erano ancora ungheresi, sparano sugli ungheresi, che ieri erano ancora cecoslovacchi. E il custode Szatmari torna a casa e dice alla moglie: «Pensa, ho ucciso il mio miglior camerata: il capotreno Kaniuk! Ha prestato servizio insieme a me. Ma era un ruteno! È così difficile orientarsi nella linea di demarcazione!».

E per questo potrebbe scoppiare una guerra mondiale, più terribile di quella che prese avvio a Sarajevo. Allora fu pur sempre ucciso un erede al trono. Oggi un cinema! Di chi era il cinema? Probabilmente non di Salomone Komrower. Probabilmente non dei suoi eredi. Gli avventori che un tempo amavano bere e menarsi nella sua osteria, ubbidiscono alle leggi razziali, delle quali si lamentano tanto quanto gli ebrei hanno da soffrirne...

Oh, Mukachevo, cosa sei diventata! Cosa devono sopportare le piccole città sotto le grandi potenze e i piccoli uomini sotto i grandi uomini? È passato tanto tempo da quando Komrower si capiva con Kaniuk e questi con Szatmari. Eppure parlavano lingue diverse. Ma da quando è diventata moda che le persone di uno stesso metro quadrato debbano servirsi precisamente della stessa lingua, degli stessi usi e costumi, e debbano fare riferimento alle stesse progenitrici, non riescono più a capirsi. E Mukachevo, la città tranquilla, diventa improvvisamente un simbolo per tutto il mondo, diventa un *punto focale* a tutti gli effetti! E proprio questo non ha mai voluto essere.

Munkacs, eine brave Stadt, «Pariser Tageszeitung», 8-9 gennaio 1939.

LEZIONE DI GEOGRAFIA

In tempi passati – e quanto sono già passati! – non si conosceva nessuna delle nazioni mitteleuropee. Il «si» sta per il mondo occidentale. Non si conoscevano, ad esempio, i carpato-russi. Chi sapeva qualcosa dei carpato-russi? Il mondo occidentale era pressoché esonerato dall'obbligo di studiare la geografia mitteleuropea. La geografia mitteleuropea probabilmente non era «obbligatoria» nell'occidente americano così come in quello europeo. Era un concetto abituale giusto nelle scuole medie europee, come ad esempio: disegno e ginnastica.

Il Presidente degli Stati Uniti d'America, Wilson, a cui si deve la frase autentica: «Come entra la Galizia nella guerra mondiale?», potrebbe aver studiato, ad esempio, la geografia d'Europa come materia non obbligatoria nella sua scuola. Fece questa domanda proprio durante il Congresso per la Pace. E intendeva, naturalmente, la Galizia spagnola rimasta fuori dalla guerra mondiale. Invece si trattava di quella Galizia austriaca, oggi polacca, nella quale hanno avuto luogo, si può dire quasi simbolicamente, i più duri scontri tra polacchi e ucraini al tempo delle trattative di pace. Come si vede, ci volevano quindi non solo una guerra mondiale e una pace mondiale, per insegnare alle potenze occidentali la geografia più basilare, quella mitteleuropea; ma era necessaria anche una catastrofe, ora evidente, per renderle coscienti della loro ignoranza geografica. Risulta che persone di quegli Stati che hanno creato nuovi Stati senza conoscerli, viaggino talvolta in questi stessi Stati perché cessino di essere nuovi.

Da persona di buon cuore ne sono felice. Perché questa confusione degli uomini di Stato spinge le redazioni a mandare i corrispondenti nel mondo da loro finora disconosciuto, poco considerato, per non dire: maltrattato. Perché si tratta della Mitteleuropa. Si tratta di quella Mitteleuropa, dalla quale è già scaturita la famigerata scintilla che ha provocato la guerra mondiale.

Se nel marzo del 1914 fossero stati mandati così tanti corrispondenti nella zona di Sarajevo come si è soliti mandarli ora a Chust[29], allora la guerra mondiale ad agosto molto probabilmente non sarebbe stata evitata, ma forse ci sarebbero state più probabilità che non scoppiasse cogliendo tutti completamente impreparati.

Ma forse i corrispondenti si sarebbero recati inutilmente a Sarajevo e dintorni. E forse non serve a niente, se si acquisiscono conoscenze folcloristiche. Forse nei prossimi accordi di pace dopo le prossime guerre mondiali sarà indifferente se un prossimo Wilson confonderà la capitale della Carpato-Russia con Mosca.

Hamilkar
[Pseudonimo di J. Roth]

Unterricht in Geografie, «Pariser Tageszeitung», 11 gennaio 1939.

LA CADUTA DELL'AUSTRIA

Oggi il «Journal» pubblica lo scambio epistolare tra Otto von Habsburg e il povero cancelliere della defunta Austria. Era poco prima dell'invasione di Hitler in Austria. L'erede al trono austriaco aveva intenzione di assumere la cancelleria.

Lo sventurato cancelliere rispose all'erede al trono che sbagliava. Lui, il cancelliere, era dell'opinione che l'erede al trono non dovesse immischiarsi nei destini del Paese, del suo Paese, anche se erano in pericolo.

A questo proposito c'è da dire una cosa: il povero cancelliere è detenuto. Oggi non può più difendersi. Ma avrebbe potuto difendersi. Ed egli è il classico esempio di come si può diventare un martire semplicemente per aver fatto un errore.

In tempi antichi era più difficile diventare un martire. Non esiste abbastanza compassione al mondo che possa essere sufficiente ad abbracciare la disgrazia di uno sventurato. Ma noi tutti, una volta inoltrati nel crudele mondo dell'ufficialità, dobbiamo tenere presente il giudizio, che «il mondo», quello senza compassione, ci attribuisce.

E com'è vero che l'erede di un trono, mosso da un nobile, ma forse anche politico impulso, ha scritto l'inutile lettera al cancelliere, così è altrettanto vero che la risposta di questi è quasi un'anticipazione della sua stessa disgrazia e della sua permanenza all'hotel Metropole della Gestapo.

I destini privati ci commuovono. Altrettanto i destini privati degli uomini pubblici. Ma ci sembra necessario esprimere per una volta, con tutta la cosiddetta «durezza», che il destino privato non può cambiare il nostro giudizio sul comportamento di un uomo di Stato responsabile.

Dallo scambio epistolare tra Otto von Habsburg e Schuschnigg appare ancora più evidente che questi ha perduto il suo Paese, certo non in maniera frivola, ma sciocca!

Non l'ha mai avuto nelle sue mani. Ma l'ha fatto cadere.

Der Fall Österreichs, «Pariser Tageszeitung», 17 gennaio 1939.

I BAMBINI DI TRIESTE

Quando Mussolini andò al potere vietò ai giornali italiani, accanto a rubriche molto più importanti, anche quella della cronaca nera. Secondo la teoria fascista le notizie sui crimini comprometterebbero persino lo spirito di un lettore innocente.

Alcuni giorni fa a Trieste è stato commesso un omicidio a scopo di rapina. È stata uccisa una vecchia bottegaia nel suo negozio ed è stato rubato il contante. Passò molto tempo prima che la polizia trovasse i delinquenti. Erano due giovani ragazze di sedici e diciassette anni.

Si può presumere che i bambini di Trieste siano cresciuti nei balilla come tutti i bambini d'Italia. Una cronaca nera sicuramente non l'hanno mai letta. Certamente le ragazze non sono diventate delle delinquenti perché erano bambine dei balilla, e sicuramente il loro destino si sarebbe rivelato e si sarebbe fatto conoscere al di là della lettura della cronaca nera. Sfortuna vuole che i moderni innovatori del mondo non possano staccarsi così naturalmente dal moderno legame biologico, di cui sono figli. Non pensano quindi al *destino* che non è legato a leggi conosciute e sondabili: balilla, giornali, cronaca nera.

I Paesi, nei quali i corrispondenti locali inseguono la passione per gli orrori a loro piacimento, possono, al massimo, rimproverarsi di non essere riusciti a educare i loro corrispondenti al buon gusto. Quegli Stati però, i «totalitari», che pensano di aver trovato una ricetta per tutte le virtù, che agirebbe anche contro ogni vizio, avrebbero da rimproverarsi, alla luce dell'inefficacia di queste ricette, di utilizzarle comunque ancora pesantemente. Ma sono fatti in modo da non potersi rimproverare nulla, costituzionalmente, vale a dire, grazie alla Costituzione che si sono dati.

E le due ragazze di Trieste? Verranno consegnate a quegli istituti di correzione, di cui proprio gli Stati totalitari anche non possono fare a meno. E verranno cancellate dalle file dei balilla e della gioventù fascista. E in quelle file si dirà che è la punizione più grande, per ragazze non meritevoli, quando viene loro ritirata la tessera dei balilla...

Qui ci sarebbe da fare un'altra considerazione in riferimento alle conseguenze pratiche di principi ideologici tra gli impiegati amministrativi. Il fiuto della polizia può fallire, se deve farsi guidare da sospetti preordinati, per così dire «totalitari». In altri Paesi, dove l'ideologia non pretende di determinare i destini, forse i delinquenti giovani, e anche altri, si trovano più velocemente.

Christine von Kandl
[Pseudonimo di J. Roth]

Die Kinder von Triest, «Pariser Tageszeitung», 19 gennaio 1939.

AL CONFINE SPAGNOLO

Su una delle immagini, scattate e spedite ora ai giornali in occasione della caduta di Barcellona, ieri si poteva vedere, possedendo uno sguardo particolare per le cose importanti, quella fine del mondo europeo a lungo preannunciata e da tempo in fase di scadenza: intendo la fine del mondo. Si vedeva fotografata la processione infinita dei profughi di Barcellona e, al di sopra, la scritta su una delle case, su uno dei ristoranti che si trovano al confine franco-spagnolo:

HOTEL ITALIA
TOUT COMFORT

Un giornalista, davvero degno di questo nome, corrispondente dell'«Order», che a diritto porta il nome «Honoré», riferisce al suo giornale di aver visto ciò che segue: in un ristorante una donna si è svestita nuda, una donna catalana, una profuga. Presentava tutti quei tratti che dal punto di vista psichiatrico «dimostrano» una demenza. Una malattia mentale «psicogena» direbbero gli psichiatri. La donna si è ammalata, mentalmente, per la caduta della Catalogna e dell'Europa. Come non ammalarsi?

A me – e a chiunque volesse oggi reclamare il diritto di considerarsi europeo e di riconoscersi nella grande e unica patria, dopo che quelle piccole hanno fallito così miseramente o sanguinosamente (o anche in modo così miseramente sanguinoso) – a noi ultimi europei, rimane, oggi sui giornali, domani già nelle rubriche settimanali, questa foto: una processione infinita di persone, mamme, anziani, bambini che fuggono passando davanti a un Hotel con la scritta:

HOTEL ITALIA
TOUT COMFORT

Centinaia di Hotel in centinaia di Paesi sono pronti a offrire quel «tout comfort» a tutti i profughi di Barcellona e della Catalogna. Ed esistono tante Barcellona e tanti Paesi che potrebbero chiamarsi Catalogna, e tanti Hotel dal nome «Hotel Italia». Possono chiamarsi anche «Hotel Allemand». Dubitiamo però del «comfort».

An der spanischen Grenze, «Pariser Tageszeitung», primo febbraio 1939.

SULL'ALBANIA

L'Albania è un Paese povero e ricco. È ricca di boschi, metalli, minerali. È povera di uomini, soprattutto di quelli che saprebbero sfruttare le risorse del Paese. Gli albanesi sono pastori dalla nascita. Solo malvolentieri si occupano di agricoltura. Solo controvoglia si dedicano ai mestieri cittadini. Non desiderano darsi al commercio. Ci sono pochi negozi nelle poche città, a Durazzo, a Tirana, a Elbasan. Gli albanesi residenti in città sono ottimi artigiani: fabbri d'argento e di rame, vasai e calzolai. Lavorano all'aperto nelle strade davanti alle loro case. I muli, sui quali presto cavalcheranno negli spiazzi vicini, attendono accanto tranquilli. All'aperto stanno seduti i cucinieri di caffè. Su un fuoco all'aperto preparano un caffè turco, denso e dolce. Come del resto in gran parte dell'oriente, il caffè lo si compra di passaggio come da noi le castagne. Di passaggio si ordinano anche vasi e gavette. Vengono cotti e lavorati sul posto. Le dita dei vasai si muovono rapide e il fuoco blu è scoppiettante. Le gavette sono ancora calde e quasi molli quando il compratore le porta via.

Il popolo vive diviso in singole tribù. La vendetta di sangue è un'usanza comune in questa terra, ad eccezione per quel terzo della popolazione che circa duecento anni fa è diventato cattolico. Per tutto il resto gli albanesi cattolici non sono diversi da quelli musulmani. Tutti gli albanesi sono armati. Tutti, eccetto i cittadini, gli studenti, gli intellettuali – ce ne sono pochi – e quelli che sono stati in America – ce ne sono molti – portano il costume tradizionale: flanella bianca, pantaloni larghi, cintura rossa o blu, pistola, e un pesante orologio a catena attorno al collo. La popolazione vive in case e capanne costruite nelle rocce. Da veri abitanti di grotte, non hanno niente da temere dagli attacchi aerei.

Gli albanesi si chiamano *shqiptarët*. La loro lingua è di origine sconosciuta. Non ha somiglianze con nessuna delle lingue europee. Ad ogni modo potrebbe essere una delle lingue più antiche del mondo. Gli shqiptarët si sono imposti contro i turchi per più di quattrocento anni. Sono bellicosi e aggressivi e, quindi, inclini a conquistare le zone circostanti, per esempio: la Macedonia. Fattosi furbo durante la lunga servitù sotto i turchi, rimasto indomito e caparbio, questo popolo primitivo non potrà mai essere facile preda di conquistatori avventati. A differenza degli abissini ad esempio, gli albanesi sono diventati dei soldati sotto la lunga e pesante scuola dei turchi, anche dei turchi moderni; soldati in senso europeo. Nella guerra mondiale hanno conosciuto truppe austro-ungariche.

Nell'esercito albanese prestano servizio non pochi ex-ufficiali austriaci.

«L'esercito»! È difficile convincere i pastori e contadini albanesi a portare stivali. Preferiscono marciare scalzi, sono abituati ad andare in giro così per le loro montagne. È anche difficile insegnare loro una «disciplina militare» in senso europeo-occidentale. Ma anche se non sono «soldati» di tipo civilizzato, nondimeno sono dei guerrieri, in modo molto meno primitivo degli abissini.

Qui sbaglia Mussolini. La sua semplicità dittatoriale e la visibile inferiorità dei suoi soldati può ottenere effetti sbalorditivi *solo* presso popoli primitivi dell'Africa. Ma non conosce *l'essenza dei popoli balcanici*: vale a dire, la primitività complicata; povero cocciuto.

Durante la guerra mondiale il re Achmed Zogu era ufficiale nell'esercito austro-ungarico. Con inquietante destrezza è riuscito a mettere Belgrado contro Roma e a cancellare nel Paese ogni ricordo del suo predecessore Fan Noli. Certamente è un albanese musulmano. Ma fondamentalmente è un tenente viennese. Quando mi ricevette – fu nel 1928 e si parlò di guerra tra la Jugoslavia e l'Italia – era ancora Presidente della Repubblica albanese e a un passo dall'incoronazione. Lui negò di dover diventare Re. Quando gli chiesi se fosse vero che presto sarebbe stato incoronato, lui disse: «Cosa Le salta in mente! Io incoronato! Per cosa?». Un attimo di silenzio e poi: «Dopo può smentire tutto!»[30], disse in dialetto austriaco, come un tenente viennese.

Il Paese è di una tristezza bella e confusa. In barba alle disposizioni sulla vita civile di Achmed Zogu le donne circolano ancora col velo. Solo quando arrivano a Tirana se lo tolgono. Le canzoni originarie dei pastori che allevavano i loro animali col fucile in spalla, sono allo stesso tempo battagliere e melanconiche. Da nessun'altra parte, sembra, la morte è così vicina alla vita come in questi paesi.

Über Albanien, «Pariser Tageszeitung», 9 aprile 1939.

LA QUERCIA DI GOETHE A BUCHENWALD

Rendiamo onore alla verità! Si diffondono notizie false sul campo di concentramento di Buchenwald; si potrebbe dire: fiabe d'orrore. È tempo, mi pare, di ridurle alla giusta misura...

Primo, Buchenwald non si chiamava sempre così, si chiamava Ettersburg. Con questo nome, un tempo, era famosa tra i conoscitori della storia letteraria: Goethe era solito incontrarsi spesso lì con la signora von Stein; sotto una bella, vecchia quercia. Questa è protetta dalla cosiddetta «legge sul patrimonio naturale». Quando a Buchenwald, voglio dire a Ettersburg, si iniziò a dissodare il bosco per costruire una cucina a sud e una lavanderia a nord per gli abitanti del campo di concentramento, si lasciò intatta solo questa quercia; la quercia della signora von Stein.

La simbologia non è mai stata così a buon mercato come ai nostri giorni. Oggigiorno è quasi un gioco da ragazzi, scrivere le cosiddette «glosse»[31]. Esse ci vengono consegnate dalla storia del mondo, gratis e a porto franco, in casa, nella penna, nella macchina da scrivere. Per uno scrittore è quasi una questione di pudore scrivere una glossa che riguardi il Terzo Reich. Le querce tedesche, sotto le quali Goethe sedeva insieme alla signora von Stein, continuano ad esistere, tra la cucina e la lavanderia del campo di concentramento, solo grazie a una legge sulla protezione del patrimonio naturale. Tra la «legge sulla protezione naturale», nata molto prima di quegli anni, e la legge sul patrimonio innaturale, scoppiata dopo quegli anni – quindi, per parlare in tono nuovo-tedesco, tra lavanderia e cucina – sta la quercia protetta della signora von Stein e di Goethe.

Accanto a questa quercia ogni giorno passano gli inquilini del campo di concentramento; cioè, vengono fatti passare lì davanti. Veramente! Si diffondono notizie false sul campo di concentramento di Buchenwald; si potrebbe dire: fiabe d'orrore. È tempo, mi pare, di ridurle alla giusta misura: alla quercia, sotto la quale Goethe sedeva insieme alla signora von Stein, e che ancora cresce grazie alla legge sulla protezione del patrimonio naturale, fino ad ora, per quanto ne so, non è stato ancora legato nessun inquilino del campo di concentramento; piuttosto alle altre querce, che in questo bosco certo non mancano.

Die Eiche Goethes in Buchenwald, manoscritto del 22 maggio 1939, Leo Baeck Institute, New York.

NOTE

Prefazione

1. Cfr. Renate Lunzer, *Sono Roth: odio i partiti e gli scrittori*, «Corriere della Sera», 17 marzo 1995.

2. Gli articoli sono raccolti nell'opera a cura di F. Hackert e K. Westermann, *Joseph Roth. Werke in sechs Bänden*, Kiepenheuer & Witsch, Köln 1989-91 (*Das journalistische Werk*, Vol. 1: 1915-1923, Vol. 2: 1924-1928, Vol. 3: 1929-1939; *Romane und Erzählungen*, Vol. 4: 1916-1929, Vol. 5: 1930-1936, Vol. 6: 1936-1939).

3. Claudio Magris, *Joseph Roth, bevitore errante. Un omaggio scritto sul menù*, in «Corriere della Sera», 20 settembre 1994, p. 33.

4. Soma Morgenstern, *Joseph Roths Flucht und Ende. Erinnerungen*, a cura di Ingolf Schulte, Kiepenheuer & Witsch, 2008, p. 323.

Autodafé dello spirito

1. Nel 1927 fu costruita a Leuna, nei pressi di Lipsia, la prima grande fabbrica di benzina sintetica prodotta dal carbone. Friedrich Bergius dimostrò con i suoi studi sull'idrogenazione che il processo poteva essere applicato su scala industriale. La Germania degli anni Venti era colpita da una terribile inflazione e i proprietari delle grandi industrie chimiche tedesche decisero di fondere le proprietà e di creare un gigantesco cartello dal nome I.G. Farben (raggruppamento dell'indu-

stria dei coloranti e dei prodotti chimici). Direttore generale della I.G. Farben era Carl Bosch che aveva messo a punto il processo di sintesi dell'ammoniaca, essenziale per gli esplosivi e i concimi. Nel 1931 Bosch e Bergius ottennero il premio Nobel per la chimica. La I.G. Farben detenne il monopolio quasi totale sulla produzione chimica durante il periodo nazista e fu la principale fornitrice di Zyklon B, sostanza mortale utilizzata nelle camere a gas dei lager. Cfr. Joseph Borkin, *Die unheilige Allianz der I.G. Farben. Eine Interessengemeinschaft im Dritten Reich*, Campus Verlag, Frankfurt/NewYork, 1986.

2. Pezzo di artiglieria terrestre utilizzato dall'esercito tedesco durante la Prima Guerra Mondiale progettato dalla fabbrica di armamenti di Friedrich Alfred Krupp e capace di sfondare tre metri di cemento armato. Prese il nome della figlia maggiore di Krupp, Bertha, in base all'usanza di battezzare i macchinari con il nome di un membro della famiglia. Cfr. Angelo Cerino, *I Krupp e la guerra come industria*, Edizioni Cremonese, Roma 1974, pp. 68-69.

3. Hugo Zuckermann (1881-1914) poeta austriaco e avvocato (a Merano), cadde in guerra dopo aver scritto la canzone *Österreichische Reiterlied*, molto popolare durante la Grande Guerra, musicata da Franz Lehár. Cfr. Susanne Blumesberger (a cura di), *Handbuch österreichischer Autorinnen und Autoren jüdischer Herkunft 18. bis 20. Jahrhundert*, K.G. Saur, München 2002.

4. Lett., cattivo sette; nel Kaiserspiel, un antico gioco di carte, il sette batteva tutte le altre carte e veniva chiamato «böse Sieben». Gretchen invece è la

giovane Margarete, detta appunto Gretchen, che si innamora di Faust nell'opera di Goethe.

5. Il nazionalsocialismo fece rivivere le feste dei solstizi germanici durante le quali venivano elevati enormi falò.

6. Tersite è un personaggio dell'Iliade, brutto fisicamente, gobbo e zoppo. Era un oratore caratterizzato dalla scurrilità e dal modo di parlare veemente e sconnesso.

7. Roth si riferisce ad Aiace Oileo, personaggio dell'Iliade, famoso per rozzezza, arroganza, violenza e totale mancanza di pietà nei confronti del nemico in battaglia.

8. Città dell'Algeria nordorientale a circa ottanta chilometri dalla costa del Mar Mediterraneo. Il 5 agosto 1934 vennero uccisi ventitré ebrei e feriti in cinquantotto durante il primo pogrom contro gli ebrei in Algeria. Cfr. Filippo Petrucci, *Gli ebrei in Algeria e in Tunisia 1940-1943*, Giuntina, Firenze 2011.

9. Nel 1932 ricorreva il centesimo anniversario della morte di Goethe.

10. Dopo la sconfitta della Prussia per opera di Napoleone a Jena, nei *Discorsi alla nazione tedesca* (pronunciati tra il dicembre 1807 e il marzo 1808), Johann Gottlieb Fichte esorta il popolo tedesco alla rinascita spirituale e fisica e sostiene che l'educazione è uno strumento per salvaguardare l'identità tedesca e l'indipendenza nazionale. Quest'idea è condivisa anche da Friedrich Ludwig Jahn (1778-1852), chiamato il «Turnvater», il padre della ginnastica. Il nazionalsocialismo fonderà il proprio culto dell'educazione fisica sulle teorie di Jahn.

11. Nata originariamente come chiesa protestante, la Paulskirche di Francoforte negli anni 1848-1849 accolse le sedute del primo parlamento democratico tedesco, il cosiddetto Parlamento di Francoforte. La «Deutsche Zeitung» (1847-1850) scrisse, come primo giornale nazionale, le cronache parlamentari di quel periodo. In seguito nacque la «Frankfurter Zeitung», nel 1856. Cfr. Ulrike von Hirschhausen, *Liberalismus und Nation. Die Deutsche Zeitung 1847-1850*, Droste Verlag, Düsseldorf 1998.

12. Albert Grzesinski (1879, Treptow – 1948, New York) entrò in politica nel 1897 come membro del partito socialdemocratico. Dopo la rivoluzione e la violenza politica scaturita in Germania, Grzesinski si adoperò strenuamente per il mantenimento della stabilità della Repubblica di Weimar. Ricoprì il ruolo di Presidente della polizia (dal 1922 al 1924), e di Ministro dell'interno (1926-1930). In seguito fu Capo della polizia di Berlino dal 1925 al 1926 e dal 1930 al 1932. Con l'avvento del nazismo emigrò in Svizzera e in Francia e nel 1937 negli Stati Uniti, dove collaborò con organizzazioni antinaziste. Cfr. Eberhard Kolb (a cura di), *Albert Grzesinski. Im Kampf um die deutsche Republik. Erinnerungen eines Sozialdemokraten*, R. Oldenbourg Verlag, München 2009.

13. «Gegen-Angriff» (contrattacco): Rivista pubblicata da Bruno Frei e F.C. Weiskopf a Praga in reazione al giornale di Goebbels «Der Angriff» (attacco). Cfr. Simone Barck (a cura di), *Lexikon sozialistischer Literatur*, Metzler Verlag, Stuttgart/Weimar 1994.

14. In risposta all'articolo *Der Segen des ewigen*

Juden di Roth, Felix Stössinger scrisse l'articolo *Assimilation und Zionismus*, pubblicato su «Die Wahrheit» il 22 settembre 1934.

15. Il Pfarrernotbund fu fondato nel 1933 da teologi e pastori della chiesa evangelica per contrastare il «paragrafo ariano» del 7 aprile 1933, col quale nella chiesa evangelica tedesca (DEK) si vietava la presenza di cristiani di origine ebraica. Lo scopo principale di questo movimento fu di sostenere anche materialmente i pastori che avrebbero dovuto essere epurati. Cfr. Wilhelm Niemöller, *Der Pfarrernotbund. Geschichte einer kämpfenden Bruderschaft*, Wittig, Hamburg 1973.

16. Francesco Giuseppe I (1830-1916) regnò ininterrottamente dal 1848 al 1916 per sessantotto anni. Morì al castello di Schönbrunn il 21 novembre 1916 all'età di ottantasei anni.

17. Ernst Krenek (Vienna 1900 – Palm Springs 1991) fu compositore e direttore d'orchestra austriaco. La sua opera venne messa al bando dal partito nazista. Nel 1937 partì per gli Stati Uniti. Cfr. Kühlmann Wilhelm, *Killy Literaturlexikon. Autoren und Werke des deutschsprachigen Kulturraumes*, De Gruyter, Berlin/New York 2008.

18. Durante il periodo nazista esistevano unità organizzative territoriali denominate Gau. Ognuna di esse era guidata da un Gauleiter, un gerarca nazista.

19. Si tratta di un'antologia a cura di Barthold Fles (1902-1989) che però non venne mai pubblicata. Fles era nato ad Amsterdam da famiglia ebraica e lavorò per un breve periodo per la casa editrice De Lange. Nel 1923 si trasferì negli Stati Uniti. Fu agente letterario,

scrittore, traduttore, editore. Nel 1933 aprì un'agenzia letteraria a Manhattan. Inizialmente molti dei suoi autori erano rifugiati tedeschi e altri autori stranieri. Cfr. l'introduzione del libro a cura di Madeleine Rietra, *Heinrich Mann. Briefwechsel mit Barthold Fles 1942-1949*, Aufbau-Verlag, Berlin, Weimar 1993, pp. 7-15.

20. Agli inizi del Ventesimo secolo si verificò una massiccia emigrazione di bielorussi soprattutto verso gli Stati Uniti a causa delle scarse risorse del territorio. A partire dalla fine della Prima Guerra Mondiale la Bielorussia fu invece vittima della repressione sovietica. L'apice della politica repressiva contro i bielorussi si ebbe negli anni Trenta. Cfr. Aa.Vv., *Harenberg Staatenlexikon. Die Geschichte aller Staaten im 20. Jahrhundert*, Harenberg Lexikon Verlag, Dortmund 2000.

21. L'opera principale di Alfred Rosenberg, ideologo del nazismo, è *Il mito del XX secolo*.

22. Per Rosenberg Gesù era il simbolo della razza ariana, era l'uomo che nel tempio si era opposto alle istituzioni ebraiche.

23. Roth qui non sembra riferirsi a un personaggio preciso, sembra utilizzare invece un nome esemplare per tutti gli ebrei.

24. Carl von Ossietzky (Amburgo 1889 – Berlino 1938) fu giornalista, scrittore, pacifista. Lavorò per la rivista «Die Weltbühne» e ne divenne coeditore a partire dal 1927. Nel marzo del 1929 un suo collaboratore, Walter Kreiser, scrisse un articolo di denuncia contro il riarmo, per il quale anche Ossietzky venne posto sotto processo nel novembre del 1931. Venne condannato a un anno e mezzo di reclusione e arrestato nel

maggio 1932, ma uscì dal carcere sette mesi dopo. Dopo la presa del potere da parte di Hitler, Ossietzky venne nuovamente arrestato il 28 febbraio 1933. Un anno dopo fu incarcerato nel campo di concentramento di Esterwegen (a ovest di Brema). Nel 1935 ricevette il Premio Nobel per la Pace, ma il regime nazista si rifiutò di liberarlo. Ben presto le condizioni di salute di Ossietzky degenerarono e così fu trasferito in un ospedale di Berlino dove morì il 4 maggio 1938 all'età di 48 anni. Cfr. Wilhelm von Sternburg, *Es ist eine unheimliche Stimmung in Deutschland. Carl von Ossietzky und seine Zeit*, Aufbau Verlag, Berlin 1996.

25. *Der abenteuerliche Simplicissimus Teutsch* (L'avventuroso Simplicissimus) di Hans Jakob Christoffel von Grimmelshausen è un romanzo picaresco del 1668, ispirato agli eventi tragici della Guerra dei Trent'anni. È considerato il primo romanzo di avventura in lingua tedesca. Esisteva anche un settimanale satirico tedesco il «Simplicissimus», ispirato al romanzo e fondato da Albert Langen nel 1896 che ha continuato ad essere pubblicato fino al 1944.

26. Joseph Roth fa riferimento in modo sarcastico al *Mein Kampf* di Hitler. La nonna di Hitler si chiamava Maria Anna Schicklgruber.

27. Egon Friedell (1878 – 1938) drammaturgo, giornalista, saggista austriaco. Si suicidò il 16 marzo 1938. Fu assiduo frequentatore del caffè letterario Café Central a Vienna insieme a Peter Altenberg e Alfred Polgar. Le truppe tedesche occuparono l'Austria l'11-12 marzo 1938. Il 13 marzo una legge proclamava l'annessione del Paese al Reich. Cfr. *Killy Literaturlexikon*, cit.

28. Munkacs, città nel sudovest dell'Ucraina.

29. Città dell'Ucraina occidentale. Dopo il crollo dell'Impero Austro-Ungarico nel 1919, la regione della Rutenia subcarpatica (tra Polonia, Slovacchia, Ungheria, Romania) passò alla Cecoslovacchia. La popolazione era però più vicina agli ucraini al di là dei Carpazi sia culturalmente che linguisticamente. L'11 ottobre 1938 la Rutenia subcarpatica si dichiarò autonoma all'interno della Cecoslovacchia col nome di Ucraina carpatica. La Cecoslovacchia dovette cedere le zone delle città di Užhorod e Munkacs all'Ungheria per effetto del Primo Arbitrato di Vienna del 2 novembre 1938. Il capoluogo della regione venne quindi spostato da Užhorod a Chust fino al 1945. Dal 1945 fa parte dell'Ucraina (allora Unione Sovietica). Cfr. Nikolaus G. Kozauer, *Die Karpaten Ukraine zwischen den beiden Weltkriegen*, Bruno Langer Verlag, Esslingen am Neckar 1979.

30. «Nachher könnens alles dementieren»: è tipicamente austriaco il «könnens» al posto di «können Sie».

31. Nel giornalismo tedesco si definisce glossa un breve contributo in cui un autore di rilievo esprime, in maniera concisa e graffiante, la propria opinione su un argomento specifico. La glossa si differenzia dall'editoriale e dall'articolo di fondo per il suo carattere polemico, satirico o feuilletonistico. Walther von La Roche, *Einführung in den praktischen Journalismus, 18. aktualisierte und erweiterte Auflage*, Berlin (Econ) 2008.

INDICE

Stampa
Grafiche del Liri s.r.l.
Via Napoli 85 – 03036 Isola del Liri (Fr)
per conto di Lit Edizioni Srl
Largo Giacomo Matteotti 1
Castel Gandolfo (Rm)

ristampa	anno
8 7 6 5 4 3 2 1	2013 2014 2015 2016